KB068065

독학 채근담

이상기 역

譯解者: 李相麒 近影

〔菜根譚 原本解說〕

독학 채근담(菜根譚)

이상기 역

머리말

동양의 고전 가운데 자기의 수양을 위한 책으로 채근담(菜根譚)을 가장 먼저 손꼽는 이유는 다음과 같다.

첫째, 모든 글이 인격을 수양하는 데 필요한 명언(名言)이며 금과옥조(金科玉條)이다.

둘째, 유(儒)·불(佛)·선(仙)에 걸쳐 투철한 이해와 해박한 식견으로서 흠잡을 데 없는 인생론을 펼치고 있다.

셋째, 저자 자신의 체험이 응결된 인생 지침서(人生指針書)라고 할 수 있다.

책 제목의 채근(菜根)이란 말은 나무 뿌리를 캐먹고 사는 담백한 사람은 어떠한 일도 성취할 수 있다는 뜻으로 송(宋)나라 때의 학자 주희(朱熹)가 엮은 「소학(小學)」에서 유래한 말이다.

저자에 대해서는 여러 설이 있으나 명(明)나라 말기의 학자 홍자성(洪自誠)이 지었다는 것이 통설이다.

원문 자체가 어려워서 어색한 해석이 있음을 말하지 않을 수 없으나, 종합적으로 원문과 어구 해석 및 대역과 대의(大意)를 대조해 보면 쉽게 풀이할 수 있을 것이라고 믿는다. 독자 여러분의 분투를 바라며 끝으로 이 책을 발행해 주신 전원문화사 사장님께 진심으로 감사를 드리는 바이다.

1995년 5월

역자 李相麒 씀

1

서수도덕자 적막일시 의아
棲守道德者는 寂寞一時나 依阿
권세자 처량만고 달인 관
權勢者는 凄凉萬古라. 達人은 觀
외물지물 사신후지신 영
物外之物하고 思身後之身하니 寧
수일시지적막 무취만고지
受一時之寂寞이언정 毋取萬古之
처량
凄凉하라.

【訓音】

棲 깃들 서　　阿 아첨할 아　　凄 바람찰 처
毋 없을 무　　取 취할 취

【語句】

• 서수(棲守) : 간직하여 지키다.
• 의아(依阿) : 아부하여 의지함.
• 달인(達人) : 도를 통달한 사람.
• 물외지물(物外之物) : 진리
• 신후지신(身後之身) : 죽은 후의 자신의 평판.

【對譯】

도덕을 지키는 자는 그 적막함이 한때에 불과하지만, 권세에 아부하는 자는 만고에 처량하다. 널리 사물의 도리에 통달한 자는 물욕 밖의 진리를 보고 죽은 후의 명예를 생각하니, 차라리 한때 적막할지언정 만고에 처량하게 되어서는 안 된다.

【大意】
사리에 통달한 사람은 세상 사람들이 무슨 비평을 하든 개의치 않고 자기 소신에 따라 생활한다. 조용하고 차분하게 분수대로 살아가며 곱게 늙어 가는 사람이야말로 달인의 경지에까지 도달한 사람이다.

2

섭 세 천 점 염 역 천 역 사 심
涉世淺하면 點染亦淺하고 歷事深
기 계 역 심 고 군 자 여
하면 機械亦深이라. 故로 君子는 與
기 련 달 불 약 박 로 여 기 곡
其練達로 不若朴魯하고 與其曲
근 불 약 소 광
謹으로 不若疏狂이라.

【訓音】

涉 건널 섭　　曲 굽을 곡　　謹 삼갈 근
疏 거칠 소　　狂 미칠 광

【語句】

• 섭세(涉世) : 세상 경험.
• 점염(點染) : 세상살이의 때가 물드는 것.
• 기계(機械) : 간교한 지혜.
• 곡근(曲謹) : 철저히 조심함.
• 박로(朴魯) : 소박하고 노둔함.
• 소광(疏狂) : 소탈하고 거칠다.

【對譯】

세상을 산 경험이 적으면 그만큼 세상일의 더러움에 물듦도 적으며, 일에 대한 경력이 많으면 임기응변의 술책도 많다. 그러므로 군자는 숙련보다는 소박하고 노둔함을 택하며 철저히 조심하는 것보다는 소탈함을 택한다.

【大意】

세상살이의 경험이 많으면 악습에 물듦이 많고, 벼슬자리에 올라 오랜 경력을 쌓게 되면 권모술수에만 능하게 된다. 군자는 세상 물질에 밝기보다는 순박하고 우둔한 것이 좋고 철저한 것보다는 소탈한 것이 낫다.

3

君子之心事(군자지심사)는 天青日白(천청일백)하여 不可使人不知(불가사인부지)요 君子之才華(군자지재화)는 玉韞珠藏(옥온주장)하여 不可使人易知(불가사인이지)라.

【訓音】

華 빛날 화　　韞 감출 온　　藏 감출 장
易 쉬울 이　　知 알 지

【語句】

- 천청일백(天青日白) : 푸른 하늘에 빛나는 해.
- 재화(才華) : 뛰어난 재능.
- 옥온(玉韞) : 구슬이 바위 속에 감추어져 있음.
- 주장(珠藏) : 진주가 바닷속에 숨어 있음.

【對譯】

군자의 마음은 푸른 하늘의 태양처럼 밝아서 사람들로 하여금 모르게 해서는 안 되고, 군자의 재주는 주옥이 감추어져 있듯이 사람들로 하여금 쉽게 알게 해서는 안 된다.

【大意】

군자의 마음은 공명정대하여 누구든지 알 수 있고, 그리고 지혜와 재능은 안에 간직하여 누구도 모르게 하라는 말이다.

4

勢利紛華는 不近者爲潔이요 近之而不染者爲尤潔하며 知械機巧는 不知者爲高요 知之而不用者爲尤高니라.

【訓音】

勢 권세 세	紛 번잡할 분	潔 깨끗할 결
尤 더욱 우	巧 교묘할 교	用 쓸 용

【語句】

- 세리(勢利) : 권세와 명리.
- 분화(紛華) : 번화하고 화려함.
- 지계기교(知械機巧) : 권모술수
- 위우고(爲尤高) : 더욱 고상함.

【對譯】

권세 · 명리 · 사치 · 부귀를 가까이하지 않으면 깨끗하며, 가까이하고 있어도 물들지 않으면 더욱 깨끗하다. 권모술수를 모르는 자는 고상하며 그걸 알고도 쓰지 않는 자는 더욱 고상하다.

【大意】

권세 · 명리 · 사치 · 부귀를 외면하는 사람은 깨끗한 사람이며, 권모술수가 눈앞에 어른거려도 물들지 않으면 이는 더욱 청렴결백한 사람이다. 권모술수를 알면서도 이를 쓰지 않는 사람이야말로 더욱 기개 있는 고상한 사람이다.

5

이중 상문역이지언 심중
耳中에 常聞逆耳之言하고 心中에
상유불심지사 재시진덕수
常有拂心之事하면 纔是進德修
행적지석 약언언열이 사
行的砥石이라 若言言悅耳하고 事
사쾌심 변파차생 매재짐
事快心이면 便把此生은 埋在鴆
독중의
毒中矣라.

【訓音】

常 떳떳할 상　　逆 거스릴 역　　纔 겨우 재
砥 숫돌 지　　悅 기쁠 열　　鴆 짐새 짐

【語句】

• 역이지언(逆耳之言) : 귀에 거슬리는 말, 충고.
• 불심지사(拂心之事) : 마음에 거슬리는 일.
• 지석(砥石) : 칼을 가는 숫돌.
• 열이(悅耳) : 귀를 기쁘게 함.
• 짐독(鴆毒) : 짐새의 털을 술에 담가 만든 독.

【對譯】

귀로 항상 거슬리는 말을 듣고 마음속에 항상 걸리는 일이 있으면 이는 덕을 쌓고 행실을 닦는 숫돌이 된다. 그러나 만약 말마다 듣고서 기쁘고 일마다 마음이 상쾌하면 이는 바로 내 목숨을 독약으로 죽이는 것과 같다.

【大意】

귀에 거슬리는 잔소리와 충고가 귀에 와 닿고, 하는 일도 뜻대로 되지 않으면 인간은 보통 자기 향상을 위해 노력하게 마련이다. 즉 좋은 약이 입에는 쓰지만 병을 고치는 데는 이롭고, 충성된 말이 귀에는 거슬리지만 행동에는 이롭다는 말이다.

6

질풍노우 금조척척 제일
疾風怒雨엔 禽鳥戚戚하고 霽日
광풍 초목흔흔 가견천지
光風엔 草木欣欣하니 可見天地에
불가일일무화기 인심 불가
不可一日無和氣요 人心에 不可
일일무희신
一日無喜神이라.

【訓音】

禽 새 금　　怒 성낼 노　　霽 갤 제
欣 기뻐할 흔

【語句】

• 질풍(疾風) : 세차게 부는 바람.
• 노우(怒雨) : 줄기차게 내리는 비.
• 척척(戚戚) : 근심하고 슬퍼하는 모습.
• 제일(霽日) : 갠 날씨.
• 흔흔(欣欣) : 기뻐하는 모습.

【對譯】

사나운 비바람이 불면 새들도 걱정스러워 어쩔 줄을 모르고, 날씨가 개어 화창한 날 산들바람이 불면 초목도 기뻐하는 듯하다. 이로써 보면 천지에 하루라도 화평한 기운이 없을 수 없는 것이요, 사람의 마음에는 하루라도 기뻐하는 정신이 없어서는 안 된다.

【大意】
폭풍 호우가 내리는 날에는 감정이 없는 새들까지도 불안하고 두려워한다. 그러나 날씨가 화창해지면 초목도 생기발랄하게 기쁜 빛을 띤다. 그러니 천지에는 하루도 화기가 없어서는 안 되고 인간의 마음에는 하루도 기쁘고 즐거운 마음이 없어서는 안 되는 것이다.

7

醲肥辛甘(농비신감)이 非眞味(비진미)요 眞味(진미)는 只(지)
是淡(시담)하며 神奇卓異(신기탁이)가 非至人(비지인)이요
至人(지인)은 只是常(지시상)이라.

【訓音】
醲 술 농　　肥 살찔 비　　味 맛 미
淡 맑을 담　　卓 뛰어날 탁

【語句】
• 농비(醲肥) : 진한 술과 기름진 고기.

• 신기탁이(神奇卓異) : 신기한 재주와 뛰어난 행실.
• 지인(至人) : 도에 통달한 사람. 성인(聖人).

【對譯】

진한 술, 기름진 고기와 맵고 달콤한 음식이 진미가 아니요, 진미는 담백한 것이며, 신기하고 뛰어난 재주가 있는 사람이 성인이 아니요, 성인이란 그저 평범하다.

【大意】

진한 술맛이나 감칠맛 나는 고기 그리고 맵고 시고 단것은 모두 향신료에 의한 자극적인 맛일 뿐 본래의 참다운 맛이 아니다. 사람도 아주 신기해 보인다거나 탁월하게 보이는 사람이 훌륭한 사람이 아니라 평범하고 수수한 사람이 참다운 훌륭한 사람이다.

8

天地(천지)는 寂然不動(적연부동)하되 而氣機(이기기)는 無息少停(무식소정)하고 日月(일월)은 晝夜奔馳(주야분치)하되 而貞明(이정명)은 萬古不易(만고불역)이라. 故(고)로 君子(군자)는 閒時(한시)에 要有喫緊的心思(요유끽견적심사)하고 忙處(망처)에 要有悠閒的趣味(요유유한적취미)라.

【訓音】

息 쉴 식　　　閒 한가할 한=閑

【語句】

- 적연부동(寂然不動) : 고요하여 움직이지 않음.
- 분치(奔馳) : 바삐 달리는 것.
- 한시(閒時) : 한가한 때.
- 망처(忙處) : 바쁠 때.

【對譯】

천지는 쥐죽은 듯 고요하여 움직이지 않지만 그 움직임은 잠시도 쉬는 일이 없고, 해와 달은 밤낮으로 달리지만 그 밝음은 영원히 바뀌지 않는다. 그러므로 군자는 한가할 때 긴장된 마음을 가져야 하고, 바

빨 때에는 유유하고 한가한 멋이 있어야 한다.

【大意】

정중동(靜中動), 동중정(動中靜)이 우주의 근본이다. 인간은 소우주란 말과 같이 인간의 일도 우주의 원리와 같은 것이다. 때문에 군자는 망중한(忙中閒)·한중망(閒中忙)의 융통성과 침착성을 잃지 말아야 한다.

9

야 심 인 정　독 좌 관 심　시 각
夜深人靜에 獨坐觀心하면 始覺
망 궁 이 진 독 로　매 어 차 중
妄窮而眞獨露하니 每於此中에
득 대 기 취　기 각 진 현 이 망 난 도
得大機趣라 旣覺眞現而妄難逃
우 어 차 중　득 대 참 뉵
하면 又於此中에 得大慚忸이라.

【訓音】

覺 깨달을 각　妄 망령될 망　窮 다할 궁
慚 부끄러울 참　忸 부끄러울 뉵

【語句】

- 망궁(妄窮) : 망령된 생각이 다 없어짐.
- 기취(機趣) : 즐거움
- 참뉵(慚忸) : 부끄러움

【對譯】

밤이 깊어 인적이 고요할 때 홀로 앉아 자기 마음을 살피면 비로소 깨달음이 와서 망령된 생각이 다 사라지고 진심이 드러나게 되니, 언제나 이런 가운데서 큰 즐거움을 얻게 된다. 이미 진심이 드러났는 데도 망령된 생각에서 벗어남이 어려움을 깨닫는다면 이런 가운데서 크게 부끄러움을 느끼게 된다.

【大意】

고요한 깊은 밤에는 진심이 나타나기 쉽지만 그렇다고 해서 잡념과 망령에서 벗어날 수는 없는 것이다. 다시 외물과 접하게 되면 그 망상이 솟아나기 때문에 이를 크게 부끄러워해야 한다.

10

은리 유래생해 고 쾌의시
恩裡에 由來生害라. 故로 快意時
수조회두 패후 혹반성
에 須早回頭하라. 敗後에 或反成
공 고 불심처 막편방수
功이라. 故로 拂心處에 莫便放手
하라.

【訓音】

裡 속 리　　須 모름지기 수　　敗 패할 패
功 공 공

【語句】

- 쾌의(快意) : 마음이 상쾌할 때.
- 회두(回頭) : 고개를 돌려 외면하는 것.
- 불심(拂心) : 마음에 거슬리는 것.
- 방수(放手) : 손을 떼는 것.

【對譯】

총애(寵愛) 속에서 불행의 싹이 자라는 것이니 득의(得意)했을 때 일찌감치 머리를 돌려라. 실패한 후에 도리어 성공하게 마련이다. 그러므로 일이 뜻대로 안 된다고 해서 손을 놓지 마라.

【大意】

만족하고 있을 때 좌우를 살피어 조심하지 않다가 자신을 뽐내고 우쭐거리는 동안에 주위의 환경이 바뀌면서 큰 환난을 당하는 수가 흔히 있다. 그러므로 만족하다고 생각할 때 신중히 앞일을 생각해야 한다. 일을 실패한 후라도 성공의 찬스가 있는 법이니 내 뜻대로 되지 않았다고 해서 절망해 버리거나 중단해서는 안 된다.

11

여구현장자 다빙청옥결
藜口莧腸者는 多氷淸玉潔하고
곤의옥식자 감비슬노안
袞衣玉食者는 甘婢膝奴顔이라.
개지이담박명 이절종비감
蓋志以澹泊明하고 以節從肥甘
상야
喪也라.

【訓音】

莧 비름 현	氷 얼음 빙	袞 곤룡포 곤
婢 여종 비	膝 무릎 슬	澹 맑을 담

【語句】

• 여구현장(藜口莧腸) : 명아주국을 먹고 비름나물을

먹다. 즉 거친 음식을 말한다.

- 빙청옥결(氷淸玉潔) : 얼음처럼 맑고 옥처럼 깨끗함. 지조가 고결함을 비유함.
- 곤의(袞衣) : 곤룡포. 화려한 옷.
- 옥식(玉食) : 기름지고 맛있는 음식.
- 비슬노안(婢膝奴顔) : 여종이 무릎으로 기고 사내종이 굽신거리는 것.

【對譯】

명아주국이나 비름나물로 창자를 채우는 사람은 얼음처럼 맑고 옥처럼 깨끗한 사람이 많고, 좋은 옷을 입고 맛있는 음식을 먹는 사람은 노예처럼 굽신거리고 아첨하기를 달게 여긴다. 대개 지조는 담백함에서 밝아지고 절개는 사치를 따라서 잃게 된다.

【大意】

빈천함을 부끄럽게 생각하지 않고 자랑스럽게 여기는 사람에게서 비로소 공명정대하고 청렴강직한 행동이 나오는 법이다.

12

面前的田地는 要放得寬하여 使人無不平之歎하고 身後的惠澤은 要流得久하여 使人有不匱之思하라.

【訓音】

面 낯 면　　的 과녁 적　　要 중요할 요
匱 다할 궤

【語句】

• 방득관(放得寬) : 마음을 활짝 열어 놓음.
• 전지(田地) : 마음
• 유득구(流得久) : 남기어 오래 가게 함.
• 불궤지사(不匱之思) : 부족함이 없는 생각.

【對譯】

살아 있을 동안의 마음은 너그럽게 활짝 열어 놓아 사람들로 하여금 불평불만이 없도록 해야 한다. 죽은 뒤의 혜택은 길이 오래도록 흐르게 하여 사람들로 하여금 부족하다는 느낌을 없게 해야 한다.

【大意】

사리사욕에 눈이 어두워 마음을 속이고 양심을 감춘다면 누가 그 사람을 좋다 할 것인가. 죽은 뒤에야 그 사람의 올바른 평가가 나온다고 했다. 이때 욕된 말이 나오지 않도록 평소에 조심해야 한다.

13

徑路窄處(경로착처)엔 留一步(유일보)하여 與人行(여인행)하고, 滋味濃的(자미농적)은 減三分(감삼분)하여 讓人(양인) 嗜(기)하라. 此是涉世(차시섭세)의 一極安樂法(일극안락법)이니라.

【訓音】

徑 길 경　　窄 좁을 착　　滋 맛있을 자

濃 진할 농　　讓 사양할 양　　嗜 즐길 기

極 다할 극

【語句】

- 경로(徑路) : 산길, 작은 길.
- 착처(窄處) : 좁은 길목.

• 자미농적(滋味濃的) : 맛있는 음식.
• 섭세(涉世) : 처세. 세상을 살아 나가는 것.

【對譯】

좁은 길을 만나거든 한 걸음을 멈추어 다른 사람이 먼저 가도록 양보하고, 맛있는 음식은 한 부분을 덜어 다른 사람의 기호에 양보하라. 이러한 것이 곧 세상을 살아가는 가장 편안한 방법의 하나이다.

【大意】

남의 입장을 자신의 입장으로 바꾸어서 생각하는 미덕이야말로 세상을 살아가는 멋진 방법이다.

14

作人(작인)에 無甚高遠事業(무심고원사업)이나 擺脫(파탈)
得俗情(득속정)이면 便入名流(변입명류)하고 爲學(위학)에
無甚增益工夫(무심증익공부)나 減除得物累(감제득물루)면
便超聖境(변초성경)이라.

【訓音】

擺 열 파　　　脫 벗을 탈　　　便 문득 변

累 더럽힐 루

【語句】

• 파탈(擺脫) : 벗어나다.
• 물루(物累) : 물욕
• 성경(聖境) : 성인의 경지.

【對譯】

사람이 되어 아주 위대한 사업은 못할지라도 세속의 욕망에서 벗어날 수 있으면 곧 명류에 들 것이요, 학문을 닦아 위대한 실적은 없더라도 물욕의 유혹에서 벗어날 수 있으면 성인의 경지를 넘을 것이다.

【大意】

물욕만큼 사람의 마음을 사로잡는 것도 없으므로 여기에서 벗어날 수 있으면 성인의 경지를 넘는다. 속정과 물욕에서 벗어날 수 있는 사람이야말로 성자인 것이다.

15

교우 수대삼분협기 작인
交友엔 **須帶三分俠氣**요, **作人**엔
요존일점소심
要存一點素心이라.

【訓音】

交 사귈 교　　須 모름지기 수　俠 의기 협
素 흴 소

【語句】

- 협기(俠氣) : 의협심
- 소심(素心) : 순수한 마음.

【對譯】

벗을 사귈 때는 이해타산을 초월하여 적어도 삼분(分)의 의협심을 가져야 하며, 사람이 됨에 있어서는 세속에 흐르지 않는 한 점 순수한 마음을 지녀야 한다.

【大意】

친구를 사귀는 근본적 자세는 이해타산을 초월해야 한다. 그리고 친구를 위해 자신을 돌보지 않는 것이 의협심이다. 또한 참다운 사람이 되기 위해서는 진심을 가져야 한다는 것은 두말할 나위가 없다. 그리하여 부정과 불의에 타협하지 않는 용기를 가져야 한다.

16

寵利(총리)엔 毋居人前(무거인전)하고 德業(덕업)엔 毋落人後(무락인후)하라. 受享(수향)엔 毋踰分外(무유분외)하고 修爲(수위)엔 毋減分中(무감분중)하라.

【訓音】

寵 사랑할 총 享 누릴 향 踰 넘을 유
修 닦을 수

【語句】

• 총리(寵利) : 총애와 이익.
• 수향(受享) : 받아서 누림. = 향수(享受)
• 수위(修爲) : 수양

【對譯】

은총과 이익되는 일에는 남보다 앞서지 말 것이며 덕업을 쌓는 일에는 남보다 뒤지지 마라. 남으로부터 받는 일에는 분수를 넘어선 안 되고, 남을 위해

닦고 행하는 일에는 분수를 줄여서는 안 된다.

【大意】

은총과 이익을 놓고 다투는 자리에서는 남을 물리치고 자기가 먼저 얻으려고 해서는 안 된다. 그러나 덕을 쌓고 좋은 일을 할 때는 앞장서야 한다. 남의 도움을 받는 일은 분수껏 받아야 하고, 남을 돕는 일에는 분수를 줄이려고 해서는 안 된다.

17

처세 양일보위고 퇴보
處世엔 讓一步爲高이니 退步는
즉진보적장본 대인 관일
卽進步的張本이요. 待人엔 寬一
분시복 이인 실리기적근
分是福이니 利人은 實利己的根
기
基니라.

【訓音】

張 펼 장　　待 대접할 대　　寬 너그러울 관
根 뿌리 근　　基 터 기

【語句】

• 장본(張本) : 토대

• 대인(待人) : 남을 대접함.
• 이인(利人) : 남을 이롭게 함.
• 근기(根基) : 근본, 바탕.

【對譯】

세상을 살아가는 데는 한 걸음 양보하는 것을 높게 여기며, 한 걸음 물러선다는 것은 곧 스스로 나아가는 바탕이 되는 것이니라. 사람을 대접할 때는 일푼의 너그러움이 복이 되나니, 남을 이롭게 함은 실로 자신을 이롭게 하는 바탕이 되기 때문이다.

【大意】

앞을 다투면 충돌이 일어나고 평온을 잃기 쉽다. 관용의 마음으로 다른 사람을 위해 마음을 써 주는 일이 곧 자신을 위한 길이다. 그만큼 다른 사람도 나를 위해 힘써 줄 것이기 때문이다.

18

개세공로 당부득일개긍자
蓋世功勞도 當不得一個矜字요,
미천죄과 당부득일개회자
彌天罪過도 當不得一個悔字니라.

【訓音】

蓋 덮을 개　　矜 자랑할 긍　　彌 두루 미
過 허물 과　　悔 후회할 회

【語句】

• 개세(蓋世) : 세상을 덮다.
• 부득(不得) : ~을 할 수 없다.
• 미천(彌天) : 하늘까지 가득 참.
• 죄과(罪過) : 죄와 허물.

【對譯】

세상을 뒤덮을 만한 공로도 '자랑할 긍(矜)' 자 하나만 못하고, 하늘에 가득 찬 허물도 '뉘우칠 회(悔)' 자 하나만 못하다.

【大意】

큰 공은 혼자의 힘으로 이룩될 수 없다. 여러 사람이 힘을 모아 이룬 것이니 이를 모든 사람에게 나누어 주는 아량이 필요하다. 그리고 어떠한 큰 허물도 회개하면 용서받을 수 있다.

19

완명미절 불의독임 분사
完名美節은 不宜獨任이니 分些
여인 가이원해전신 욕행
與人이면 可以遠害全身이요, 辱行
오명 불의전추 인사귀기
汚名은 不宜全推이니 引些歸己면
가이도광양덕
可以韜光養德이라.

【訓音】

宜 마땅할 의 些 조금 사 辱 욕될 욕
汚 더러울 오 韜 감출 도

【語句】

- 전신(全身) : 몸을 보전하다.
- 도광(韜光) : 빛을 숨김.
- 양덕(養德) : 덕성을 기름.

【對譯】

완전한 명예와 아름다운 절개는 혼자 차지해서는 안 된다. 적당히 남에게 나누어 줌으로써 해를 멀리하고 자신을 보전할 수 있다. 명예롭지 못한 행동과 더러운 이름은 오로지 남에게만 돌려서는 안 된다. 어느 정도 내게 돌림으로써 내 자신의 광명을 숨기고 덕을 길러라.

【大意】

큰 명예는 누구나가 다 가지고 싶어하는 것이며, 반대로 치욕과 불명예는 사람마다 다 싫어하는 것이다. 때문에 명예는 다른 사람의 명예라도 빼앗아 가지고 싶어하며, 불명예는 남에게 모두 떠넘기려는 것이 인지상정이다. 이같은 경지를 초월하여 명예를 남에게 나누어 주고 불명예를 조금이나마 자신이 지려고 하는 아량이야말로 자신의 장래를 안전하게 하고 덕행을 닦는 아름다운 행동이 아니겠는가!

20

사 사 류 개 유 여 　 부 진 적 의 사
事事留個有餘하여 不盡的意思면
변 조 물 　 불 능 기 아 　 귀 신
便造物이 不能忌我하고 鬼神도
불 능 손 아 　 약 업 필 구 만 　 공
不能損我하나 若業必求滿하며 功
필 구 영 자 　 불 생 내 변 　 필 소
必求盈者는 不生內變하면 必召
외 우
外憂니라.

【訓音】

忌 꺼릴 기　　滿 가득 찰 만　　盈 가득 찰 영
召 부를 소　　憂 근심 우

【語句】

• 유여(有餘) : 여유
• 구만(求滿) : 만족하기를 구함.
• 내변(內變) : 안에서 생긴 변란.
• 외우(外憂) : 밖으로부터 온 근심스러운 일.

【對譯】

일마다 여유가 있어 다하지 않은 뜻을 남기면 조물주도 나를 미워하지 못할 것이요, 귀신도 나를 해치지 못할 것이다. 만약 일마다 반드시 만족함을 구하고, 공이 반드시 가득하기를 구한다면 안으로부터 변란이 일어나지 않으면 바깥으로부터 근심을 부르게 될 것이다.

【大意】

모든 일에 여유를 두면 재앙을 피할 수 있다. '지나침은 미치지 못함과 같다'는 말이 있다. 지나치지도 않고 미치지 못함도 아닌 중간 정도가 제일 좋은 것이다. 중간을 지키면 아무도 시기하거나 모략하려고 하지 않기 때문이다.

21

가 정 유 개 진 불 일 용 유 종 진
家庭有個眞佛하며 日用有種眞
도 인 능 성 심 화 기 유 색 완
道라 人能誠心和氣하고 愉色婉
언 사 부 모 형 제 간 형 해 양
言하여 使父母兄弟間으로 形骸兩
석 의 기 교 류 승 어 조 식 관
釋하고 意氣交流하면 勝於調息觀
심 만 배 의
心萬倍矣라.

【訓音】

愉 기뻐할 유	骸 뼈 해	釋 놓을 석
於 어조사 어	調 고를 조	倍 갑절 배

【語句】

- 유색(愉色) : 부드러운 얼굴.
- 완언(婉言) : 어여쁜 말.
- 형해(形骸) : 형체
- 조식(調息) : 숨을 고르게 쉬는 양생법의 하나.
- 관심(觀心) : 조용히 앉아 자신의 마음을 살피는 일.

【對譯】

집안에 참부처가 있고 일상생활 속에 참된 도(道)

가 있나니, 사람이 능히 성실한 마음과 화기가 넘치는 기운을 지니고, 즐거운 얼굴과 부드러운 말씨로써 부모 형제가 한몸처럼 융화하고, 뜻이 통하게 된다면 부처 앞에 앉아 숨을 고르고 참선을 하는 것보다 그 공덕이 만 배나 더할 것이다.

【大意】
참부처는 반드시 절간에만 있는 것이 아니라 가까운 집안에도 있는 것이며, 우주의 대도는 반드시 먼 곳에 있는 것이 아니라 우리의 일상적인 평범한 생활 속에 있는 것이다. 다시 말하면 도가 사람에게서 멀리 있는 것이 아니라 사람들이 스스로 멀리하고 있다는 것이다. 가족이 화목하면 참선을 하는 것보다 몇 배 더한 공덕이 될 것이다.

22

호동자 운전풍등 기적자
好動者는 雲電風燈이요 嗜寂者는
사회고목 수정운지수중
死灰槁木이라. 須定雲止水中에
유연비어약기상 재시유도
有鳶飛魚躍氣象하니 纔是有道
적심체
的心體라.

【訓音】

灰 재 회　　槁 마를 고　　鳶 매 연

躍 뛸 약　　纔 겨우 재

【語句】

• 기적(嗜寂) : 고요함을 즐김.
• 사회(死灰) : 불이 꺼진 재.
• 고목(槁木) : 시든 나무.
• 연비(鳶飛) : 소리개가 날다.

【對譯】

움직임을 좋아하는 사람은 구름 속의 번개 같고 바람 앞의 등불 같다. 고요함을 즐기는 사람은 불 꺼진 재 같고 마른 나무와 같다. 모름지기 멈춘 구름과 잔잔한 물 위에 소리개 날고 물고기 뛰노는 기상이 있어야만 가히 도를 깨친 마음을 지녔다 할 것이다.

【大意】

활동적인 사람은 깊은 맛이 없고, 소극적이고 정적인 사람은 생기가 없다는 말이다. 두둥실 떠가는 구름이 멈추고 소리개 한가로이 날며 물 괸 곳에 물고기가 뛰어오르듯이 동정(動靜)이 때와 곳에 따라 도와 합쳐야 한다. 너무 지나치지도 않고 부족하지도 않은 중용(中庸)의 도가 가장 바람직한 자세이다.

23

공인지악 무태엄 요사기
攻人之惡은 毋太嚴하고 要思其
감수 교인이선 무과고
堪受하라. 敎人以善은 毋過高하고
당사기가종
當使其可從하라.

【訓音】

攻 칠 공　　過 지나칠 과　　堪 견딜 감

【語句】

• 태엄(太嚴) : 지나치게 엄격함.
• 감수(堪受) : 감당하여 받아들임.
• 과고(過高) : 지나치게 높은 것.

【對譯】

남의 잘못을 꾸짖을 땐 너무 엄하게 하지 마라. 그가 감당할 수 있는가를 생각해야 한다. 남을 선으로써 가르칠 때는 너무 지나치게 높이 하지 마라. 그가 행할 수 있는가를 헤아려야 한다.

【大意】

남의 잘못을 나무라거나 꾸짖을 땐 그가 능히 그 가르침을 감당할 능력이 있는가를 헤아려야 한다. 가르침을 감당할 능력이 없으면 오히려 반감을 사게 되어 역효과가 나기 때문이다. 소귀에 경 읽는 격이 되어서는 안 된다. 남을 나무라고 가르친다는 것이 얼마나 어렵고 신중히 해야 할 것인가를 새삼 깨달을 수 있을 것이다.

24

분충지예 변위선이음로어추
糞蟲至穢나 變爲蟬而飮露於秋
풍 부초무광 화위형이요
風하고, 腐草無光이나 化爲螢而耀
채어하월 고지결상자오출
采於夏月하니, 固知潔常自汚出하
명매종회생야
며 明每從晦生也니라.

【訓音】

糞 똥 분	穢 더러울 예	蟬 매미 선
腐 썩을 부	螢 반딧불 형	耀 빛날 요

【語句】

- 분충(糞蟲) : 굼벵이
- 부초(腐草) : 썩은 풀.
- 요채(耀采) : 광채를 냄.

【對譯】

굼벵이는 몹시 더럽지만 변해서 매미가 되어 가을 바람에 맑은 이슬을 마신다. 썩은 풀은 빛이 없지만, 변하여 개똥벌레가 되어 여름밤에 빛을 낸다. 이렇게 볼 때 진실로 깨끗함은 항상 더러움에서 나오고, 밝음은 언제나 어둠에서 생겨나는 것임을 알 수 있다.

【大意】

불교에서 이상(理想)의 상징으로 삼고 있는 연꽃이 더러운 진흙 속에서 자라는 것이나 우리들이 즐겨 먹는 쌀밥 · 채소 등도 더러운 거름으로 기르는 것을 볼 때, 오늘 빈천한 사람이 어찌 항상 빈천하게만 산다고 단정할 수 있겠는가? 이 세상 모든 것은 모두 인과 관계를 가지고 있다는 사실을 알게 된다.

25

긍 고 거 오　무 비 객 기　항 복 득
矜高倨傲는 無非客氣니 降伏得
객 기 하 이 후　정 기 신　정 욕
客氣下而後에 正氣伸하며, 情欲
의 식　진 속 망 심　소 쇄 득 망
意識은 盡屬妄心하니 消殺得妄
심 진 이 후　진 심 현
心盡而後에 眞心現이라.

【訓音】

矜 자랑할 긍　　倨 거만할 거　　傲 거스릴 오
伸 펼 신　　伏 엎드릴 복

【語句】

- 긍고(矜高) : 뽐내며 높은 체함.
- 거오(倨傲) : 거만스러운 것.
- 객기(客氣) : 쓸데없는 기개.
- 정욕(情欲) : 욕망
- 망심(妄心) : 헛된 생각.
- 소쇄(消殺) : 소멸시키고 낮추는 것.
- 진이후(盡而後) : 사라진 후.

【對譯】

잘난 체 뽐내는 것과 건방진 것은 객기 아닌 것이 없다. 그 객기를 항복받은 뒤에라야 정기가 살아날 것이요, 정욕과 의식은 모두 망령된 마음에서 나온다. 그 망령된 마음을 모두 없앤 뒤에라야 진심이 나타난다.

【大意】

여기서 정욕은 마음에 이는 여러 가지 욕구로 희로애락의 감정을 말하고, 의식은 이해득실을 따지는 얕은 재능을 뜻한다. 객기와 정욕 등은 모두 외적 작용에서 기인되는 감정 작용으로 가용(假勇)이요, 혈기이다. 가용과 혈기를 깨끗이 씻어 버리고 냉정한 이성으로 돌아간 상태에서만이 정기와 진심이 나타날 수 있다.

26

포후 사미 즉농담지경 도
飽後에 思味면 則濃淡之境이 都
소 색후사음 즉남여지견
消하며 色後思婬하면 則男女之見
진절 고 인상이사지회
이 盡絶이라. 故로 人常以事之悔
오 파임사지치미 즉성정이
悟로 破臨事之癡迷면 則性定而
동무부정
動無不正이라.

【訓音】

飽 배부를 포	境 경계 경	悔 뉘우칠 회
悟 깨달을 오	癡 어리석을 치	迷 어두울 미

【語句】

- 농담지경(濃淡之境) : 음식의 맛있고 없음에 대한 구별.
- 사음(思婬) : 색에 대해 생각함.
- 회오(悔悟) : 후회
- 치미(癡迷) : 어리석음과 미혹됨.

【對譯】

배가 부른 후에 음식맛을 생각하면 기름지고 담백한 맛의 구분이 전혀 없게 되고, 정사를 끝낸 후에 색을 생각해 보면 성욕이 싹 가신다. 그러므로 사람은 항상 일을 마친 뒤에 뉘우침을 갖고, 새로운 일을 당하여 범할 어리석음을 깨뜨리면 성질이 안정되어 행동이 모두 바르게 된다.

【大意】

모든 일에 있어서 바라고 기다릴 때가 감미로운 것이지, 그 욕망을 다 이룬 뒤에는 시시해지는 법이다. 그러므로 사람은 항상 일을 시작할 때, 그 일이 끝나고 난 다음에 후회함이 없을 것인가를 먼저 생각하는 자세를 가져야 한다. 일이 끝난 다음에 일어날 후회의 기분을 먼저 생각하는 신중한 태도를 취한다면, 일을 당하여 어리석은 방황이나 재앙을 미연에 방지할 수 있을 것이다.

27

居軒冕之中이나 不可無山林的氣味요, 處林泉之下나 須要懷廊廟的經綸이라.

(거헌면지중 불가무산림적 기미 처림천지하 수요회랑 묘적경륜)

【訓音】

軒 초헌 헌　冕 면류관 면　懷 품을 회
廊 행랑 랑　廟 사당 묘　綸 실가닥 륜

【語句】

• 헌면(軒冕) : 높은 벼슬아치.
• 낭묘(廊廟) : 조정(朝廷)
• 경륜(經綸) : 정치에 대한 포부.

【對譯】

높은 벼슬에 있더라도 자연과 더불어 사는 기상과 취미가 없어서는 안 될 것이요, 시골에 묻혀 살더라도 모름지기 조정(朝廷)의 경륜을 품고 있어야 한다.

【大意】

세상을 살아가는 데에는 한 가지 일이나 한 자리에

만 매달려서는 안 된다. 한 가지 일에만 몰두하여 남의 일을 분별할 줄 몰라서는 안 되며, 현재의 자리에서 물러서거나 쫓겨났을 때의 일을 잊어서도 안 된다. 군자는 일정한 그릇이 아니라는 뜻인데, 이 말은 군자는 어떠한 일도 능히 해낼 수 있는 능력이 있다는 말이다.

28

處世(처세)에 不必邀功(불필요공)하라. 無過(무과)면 便是功(변시공)이라. 與人(여인)에 不求感德(불구감덕)하라. 無怨(무원)이면 便是德(변시덕)이라.

【訓音】

邀 맞이할 요　與 줄 여　怨 원망할 원

【語句】

- 요공(邀功) : 공으로 맞이하는 것.
- 무과(無過) : 허물이 없는 것.
- 여인(與人) : 남에게 베푸는 것.
- 감덕(感德) : 은덕에 감격함.

【對譯】

세상을 살아가는 데는 반드시 공 세우기를 바라지 마라. 허물이 없으면 그것이 바로 공인 것이다. 남에게 베풀 때에는 그 덕에 감격할 것을 바라지 마라. 원망이 없으면 그것이 바로 은덕인 것이다.

【大意】

하는 일마다 공을 세워 명예를 얻으려는 것은 지나친 욕심이다. 그저 평범하게 대과 없이 지내는 것이 좋다. 남을 도와 주고 은덕을 베푸는 것은 장한 일이다. 그러나 그 보답을 바라는 것은 군자의 취할 바가 아니다.

29

우근 시미덕 태고즉무이
憂勤은 **是美德**이나 **太苦則無以**
적성이정 담박 시고풍
適性怡情하고, **澹泊**은 **是高風**이나
태고즉무이제인이물
太枯則無以濟人利物이니라.

【訓音】

憂 근심 우　　太 클 태　　怡 기쁠 이

濟 건질 제

【語句】
• 우근(憂勤) : 걱정하고 부지런함.
• 담박(澹泊) : 지조가 맑고 깨끗함.
• 제인(濟人) : 남을 구제함.

【對譯】
매사에 근심하고 부지런함은 미덕이긴 하지만, 너무 고통스러울 정도로 하면 천성에 따라 마음을 기쁘게 할 수 없으며, 담박한 생활은 고상한 기풍이지만 너무 메마를 정도로 하면 사람을 구제하고 이롭게 할 수 없다.

【大意】
너무 근심하면 본연의 성정을 구속하여 낙(樂)을 잃게 되니 어느 정도의 여유를 가져야 한다. 명리와 부귀에 초연함은 선비의 고상한 기풍이지만, 너무 지나치면 남과 더불어 살아가는 힘이 줄어드는 법이다. 물이 지나치게 맑으면 고기가 없듯이 지나치게 고고(孤高)해서도 안 된다.

30

<table><tr><td>사궁세축지인(事窮勢蹙之人)은 당원기초심(當原其初心)하고,
공성행만지사(功成行滿之士)는 요관기말로(要觀其末路)니라.</td></tr></table>

【訓音】

蹙 쭈그러질 축　　原 근원 원　　末 끝 말

【語句】

• 사궁세축(事窮勢蹙) : 사세가 불리함.
• 공성행만(功成行滿) : 크게 성공함.

【對譯】

사세(事勢)가 궁하고 불리한 사람은 마땅히 그 처음 일을 시작할 때의 마음을 생각해야 하고, 공을 이루어 크게 성공한 사람은 그 말로를 생각해야 한다.

【大意】

일이 막혔다 해서 자포자기한다면 어찌 큰 일을 성취할 수 있겠는가. 또한 일이 뜻대로 이루어져 한때 성공했다 하여 자만하는 것도 군자의 취할 바가 아니다. 일승일패(一勝一敗)는 병가지상사(兵家之常事)요, 막혔다 해서 실망할 일도 아니요, 성공했다 해서 뽐낼 일도 못 된다.

31

富貴家(부귀가)는 宜寬厚(의관후)어늘 而反忌刻(이반기각)이면 是(시)는 富貴而貧賤其行矣(부귀이빈천기행의)니 如何能享(여하능향)이리요? 聰明人(총명인)은 宜斂藏(의렴장)이어늘 而反炫耀(이반현요)하면 是(시)는 聰明而愚懵其病矣(총명이우몽기병의)니 如何不敗(여하불패)리요?

【訓音】

寬 너그러울 관　　忌 꺼릴 기　　享 누릴 향
聰 총명할 총　　斂 거둘 렴　　炫 밝을 현
耀 빛날 요, 뽐낼 요　　懵 어리둥절할 몽

【語句】

- 염장(斂藏) : 거두어 저장함.
- 현요(炫耀) : 밝게 비춤.
- 우몽(愚懵) : 어리석고 어쩔 줄 모르는 것.

【對譯】

부귀한 집안은 마땅히 너그럽고 후해야 하는데, 도리어 시기하고 각박하게 한다면, 이는 부귀하면서 가난하고 천한 사람의 행실을 하는 것이니, 어찌 부귀를 오래 누릴 수 있겠는가? 총명한 사람은 마땅히 그 재능을 거두어 감추어야 하는데도 도리어 뽐내면 이는 총명하면서 어리석고 몽매한 병을 지닌 것이니, 어찌 실패하지 않겠는가?

【大意】

부호나 고관들은 너그럽고 후덕하지 못하고, 오히려 의심이 많고 냉혹하다. 그러니 제아무리 지위가 높고 명예가 있다 한들 참다운 행복과는 거리가 멀다. 총명한 수재들은 그 재능을 거두어 겸손할 줄 알아야 한다. "지혜는 돈지갑 속에 든 칼이다"는 말처럼 잘 간직하고 있다가 필요할 때 제 기능을 발휘해야 한다.

32

거비이후 지등고지위위
居卑而後에 知登高之爲危하고
처회이후 지향명지태로
處晦而後에 知向明之太露하며
수정이후 지호동지과로
守靜而後에 知好動之過勞하고
양묵이후 지다언지위조
養默而後에 知多言之爲躁니라.

【訓音】

晦 어두울 회　　露 이슬 로　　勞 수고로울 로
默 조용할 묵　　躁 움직일 조

【語句】

- 거비(居卑) : 낮은 곳에 있음.
- 처회(處晦) : 어둠에 처함.
- 태로(太露) : 너무 드러남.
- 양묵(養默) : 침묵을 지킴.

【對譯】

낮은 곳에 있어 본 연후에야 높은 데 오르는 것이 위태로운 줄을 알게 되고, 어두운 곳에 있어 본 연후에야 밝은 곳으로 향하는 것이 너무 드러나는 것임을 알게 된다. 고요함을 지켜본 연후에야 움직이는 것을 좋아함이 너무 수고로운 줄을 알게 되고, 침묵을 지켜본 후에야 말 많은 것이 시끄러운 줄을 알게 된다.

【大意】

입장을 바꾸어 생각하는 것이 미덕이라는 것을 강조한 내용이다. 높은 지위에 있는 사람은 그 자리가 위태로운 곳이란 것을 모른다. 낮은 곳에 있어 보아야만 비로소 그 위태로움을 확실히 볼 수 있는 것처럼, 상대되는 처지에 있어 보아야만 그 좋고 나쁜 것을 똑똑히 알 수 있는 것이다.

33

방 득 공 명 부 귀 지 심 하 변 가
放得功名富貴之心下라야 便可
탈 범 방 득 도 덕 인 의 지 심 하
脫凡하고 放得道德仁義之心下라
재 가 입 성
야 纔可入聖이니라.

【訓音】

便 문득 변　　脫 벗어날 탈　　凡 무릇 범
纔 겨우 재

【語句】

• 탈범(脫凡) : 범속함에서 벗어남.
• 입성(入聖) : 성인의 경지에 들어감.

【對譯】

공명과 부귀에 대한 집착을 버린 뒤에야 비로소 범속(凡俗)을 벗어나게 되고, 도덕 군자와 인의(仁義)로운 사람이 되겠다는 마음을 버린 후에야 겨우 성인의 경지에 들어갈 수 있다.

【大意】

부귀와 공명에 대한 미련을 버려야만 범인의 경지에서 벗어날 수 있고, 도덕 · 인의에 당혹함이 없어야 성인의 경지에 도달할 수 있다. 범인의 경지에서 벗어나기가 얼마나 어려운가를 새삼 느끼게 된다.

34

이욕 미진해심 의견 내
利慾은 未盡害心이요 意見이 乃
해심지모적 성색 미필장
害心之蟊賊이라. 聲色이 未必障
도 총명 내장도지번병
道요 聰明이 乃障道之藩屛이니라.

【訓音】

蟊 벌레 모　　障 막을 장　　藩 울타리 번
屛 병풍 병

【語句】

- 모적(蟊賊) : 곡물을 해치는 좀벌레.
- 성색(聲色) : 여색
- 장도(障道) : 도를 가로막음.
- 번병(蕃屛) : 울타리. 장애물.

【對譯】

이욕이 모두 마음을 해치는 것이 아니요, 독선적인 의견이 바로 마음을 해치는 좀벌레이다. 성색이 반드시 도를 가로막는 것이 아니요, 어설픈 총명이 바로 도를 가로막는 장애물이다.

【大意】

이욕이 진심을 흐린다 하나 진심을 흐리는 장본인은 이욕이 아니고 아견(我見)이다. 아견은 불교에서 아집(我執)을 뜻한다. 또 도를 막는 것은 여색이 아니라 스스로 영리하다고 뽐내고 경박하게 구는 자만심인 것이다.

35

인정 반복 세로 기구
人情은 反復하여 世路는 崎嶇라.
행불거처 수지퇴일보지법
行不去處엔 須知退一步之法하고
행득거처 무가양삼분지공
行得去處엔 務加讓三分之功하라.

【訓音】

復 돌아올 복　　崎 험할 기　　嶇 험할 구
務 힘쓸 무　　讓 사양할 양

【語句】

• 세로(世路) : 세상 살아가는 길.

• 기구(崎嶇) : 험한 산길.
• 행불거처(行不去處) : 가려 해도 갈 수 없는 곳.
• 행득거처(行得去處) : 가면 갈 수 있는 곳.

【對譯】
사람의 마음은 반복 무상하며, 세상 길은 험난 기구하다. 행하여 갈 수 없는 곳에서는 모름지기 한 걸음 물러서는 법을 알아야 하고, 행하여 갈 만한 곳에서는 삼분(三分)의 공을 사양하기에 힘쓰라.

【大意】
어제까지의 친구가 오늘은 적으로 변하는 세태이다. 친구의 의리를 마치 손바닥 뒤엎듯 하는 각박한 세상이다. 이러한 인간 세파를 무사히 건너기 위해서는 어려운 곳에서 한 걸음 뒤로 물러서는 침착과 여유를 가져야 하고, 쉬운 일에는 남에게 양보할 줄 아는 덕을 쌓아야 한다.

36

대소인 불난어엄 이난어
待小人엔 **不難於嚴**이나 **而難於**
불오 대군자 불난어공
不惡하며 **待君子**엔 **不難於恭**이나
이난어유례
而難於有禮니라.

【訓音】

待 기다릴 대　　惡 미워할 오　　恭 공경할 공

【語句】

- 불오(不惡) : 미워하지 않음.
- 유례(有禮) : 예의가 있음.

【對譯】

소인을 대함에 엄격하게 하기는 어렵지 않으나 미워하지 않기가 어려운 것이며, 군자를 대함에 공손하게 하기는 어렵지 않으나 예의 있게 하기가 어렵다.

【大意】

죄는 미워하되 그 사람을 미워해서는 안 된다는 것이 성인의 가르침이다. 군자를 대접할 때 지나치게 공손하면 아첨이 되는 것이니, 아첨하는 것은 예가 아님을 알아야 한다.

37

영 수 혼 악　　이 출 총 명　　유 사
寧守渾噩하고 而黜聰明하여 留些
정 기 환 천 지　　영 사 분 화　　이
正氣還天地하며 寧謝紛華하고 而
감 담 박　　유 개 청 명 재 건 곤
甘澹泊하여 遺個淸明在乾坤하라.

【訓音】

渾 흐릴 혼　　噩 놀랄 악　　些 조금 사
遺 남길 유　　乾 하늘 건　　坤 땅 곤

【語句】

- 혼악(渾噩) : 소박하여 꾸밈이 없음.
- 분화(紛華) : 번잡하고 화려함.
- 담박(澹泊) : 소박함
- 건곤(乾坤) : 천지(天地)

【對譯】

차라리 소박함을 지키고 총명함을 물리침으로써 얼마간의 정기를 남기어 천지로 돌려 주고, 차라리 화려함을 사양하고 담박함을 달게 여겨 약간의 맑은 이름을 세상에 남겨라.

【大意】

혼악은 우직하고 꾸밈이 없는 것이고, 총명은 영리해서 너무나 약삭빠르다는 뜻이다. 모름지기 천지의 정기는 질박하고 꾸밈이 없는 곳에 깃드는 것이지, 영리하고 약삭빠른 곳에서는 사라지는 법이다. 그러므로 총명을 버리고 우직함을 지킴으로써 천지의 정기가 나에게 깃들게 해야 한다. 그리고 화사함과 사치는 마음이 때묻기 쉬운 것이니 나의 청렴결백한 이름을 천지간에 남기기 위해서는 일생을 담박하게 보내야 할 것이다.

38

항마자 선항자심 심복
降魔者는 先降自心하라. 心伏하면
즉군마퇴청 어횡자 선어
則君魔退聽이라. 馭橫者는 先馭
자기 기평 즉외횡불침
此氣하라. 氣平이면 則外橫不侵이라.

【訓音】

降 항복할 항　　魔 마귀 마　　馭 다스릴 어

【語句】

• 항마(降魔) : 악마를 항복시킴.

• 퇴청(退聽) : 물러나 명령을 따름.
• 어횡(馭橫) : 횡포를 다 제압함.
• 외횡(外橫) : 외부로부터의 횡포.

【對譯】
마귀를 항복시키려는 자는 먼저 자신의 마음을 항복받아야 한다. 마음이 항복하면 마귀 떼들이 물러가 명령을 따를 것이다. 횡포를 제어하려는 자는 먼저 객기를 제어하라. 객기가 평정되면 외부의 횡포가 침범하지 않을 것이다.

【大意】
도리에 어긋나는 마음을 제어하려거든 객기부터 제어해야 한다. 객기가 제어되면 기운이 평정될 것이며 그렇게 되면 유혹의 손길이 들어올 틈이 없을 것이다.

39

교제자		여양규녀		최요엄

教弟子는 如養閨女하여 最要嚴出入하고 謹交遊하니 若一接近匪人이면 是는 清淨田中에 下一不淨種子하여 便終身難植嘉禾니라.

(독음: 교제자 여양규녀 최요엄 출입 근교유 약일접근비 인 시 청정전중 하일부 정종자 변종신난식가화)

【訓音】

閨 문 규　　謹 삼갈 근　　淨 깨끗할 정
嘉 아름다울 가　　禾 벼 화

【語句】

• 규녀(閨女) : 규중의 처녀.
• 비인(匪人) : 좋지 못한 사람.
• 청정(淸淨) : 맑고 깨끗함.
• 가화(嘉禾) : 좋은 곡식.

【對譯】

자제를 가르치는 것은 마치 규중 처녀를 기르는 것 같아서, 출입을 엄히 하고 교유는 삼가게 하는 것이 가장 중요하다. 만약 한 번 좋지 못한 사람과 접근하면 이는 깨끗한 논밭에 좋지 못한 종자 하나를 떨어뜨리는 것과 같아서 평생토록 좋은 곡식을 심기가 어렵다.

【大意】
제자를 가르침은 양반가의 규중 처녀를 가르치듯 해야 한다. 사회적 경험이 없는 사람은 남과 교제하는 것이 가장 중요한 일이므로 특히 세심한 주의가 요구된다. 어쩌다가 불량한 사람과 교제를 하게 되면 마치 깨끗한 밭에 잡초의 씨를 뿌린 것과 같아 잡초만 우거질 뿐 좋은 곡식을 기대할 수 없게 된다.

40

欲路上事는 毋樂其便하여 而姑爲染指하라. 一染指면 便深入萬仞하리라. 理路上事는 毋憚其難하여 而稍爲退步하라. 一退步면 便遠隔千山하리라.

(독음: 욕로상사 무락기편 이고위염지 일염지 변심입만인 이로상사 무탄기난 이초위퇴보 일퇴보 변원격천산)

【訓音】

便 편할 편	染 물들일 염	仞 길 인
憚 꺼릴 탄	稍 조금 초	隔 사이 격

【語句】

• 염지(染指) : 손가락이 물드는 것.
• 만인(萬仞) : 만 길 되는 낭떠러지.
• 원격(遠隔) : 멀리 떨어짐.

【對譯】

정욕에 관한 일은 하기 편한 것을 즐겨 하여 물드는 일이 없게 하라. 한 번 물들면 천길 만길 깊은 곳으로 떨어진다. 도리에 관한 일은 그것이 어려움을 꺼려서 조금이라도 물러서지 마라. 한 번 물러서면 1천 개의 산을 사이에 둔 것처럼 멀어지게 된다.

【大意】

색욕과 물욕에는 끝이 없다. 경솔하게 한 번 손을 뻗쳐 그 맛을 알게 되면 끝도 없이 빠져들어 패가망신하기 일쑤이다. 이와는 반대로 지성과 이성(理性)에의 길은 매우 멀고 깊다. 어렵다고 해서 한 번 꽁무니를 뺀다면 두 번 다시 좇아갈 수 없으리라.

41

念頭濃者는 自待厚하고 待人亦厚하여 處處皆濃하여 念頭淡者는 自待薄하고 待人亦薄하여 事事皆淡이라. 故로 君子는 居常嗜好에 不可太濃艶하며 亦不宜太枯寂이라.

【訓音】

念 생각 념　　待 대접할 대　　處 곳 처
薄 박할 박

【語句】

- 대인(待人) : 타인을 대접함.
- 거상(居常) : 일상
- 기호(嗜好) : 좋아함.
- 농염(濃艶) : 농후하고 아름다움.
- 고적(枯寂) : 메마르고 쓸쓸함.

【對譯】

생각이 농후한 사람은 자신에게도 후하고, 다른 사람에게 역시 후하니 곳곳에서 모두 후하다. 생각이 열은 자는 자신에게 박하고, 남을 대접함에 역시 박하니 일마다 모두 담박하다. 그러므로 군자는 보통 때의 기호를 너무 지나칠 정도로 농후하고 아름답게 하는 것도 옳지 않고, 역시 너무 메마르고 쓸쓸하게 해서도 안 된다.

【大意】

군자는 일상생활에서의 기호가 한 곳에 너무 지나쳐서도 안 되고, 너무 무심해서도 안 된다. 지나친 것은 미치지 못함과 같다는 말이 있는데 이것은 중용의 도를 역설한 것이다.

42

피부 아인 피작 아의
彼富면 我仁이요 彼爵이면 我義라.

군자 고불위군상소뇌롱
君子는 固不爲君相所牢籠이라.

인정 승천 지일 동기
人定하면 勝天하고 志一하면 動氣라.

군자 역불수조물지도주
君子는 亦不受造物之陶鑄라.

【訓音】

爵 벼슬 작　　固 굳을 고　　牢 감옥 뢰
籠 새장 롱　　陶 그릇 도　　鑄 쇠부릴 주

【語句】

• 뇌롱(牢籠) : 구속받는 것.
• 조물(造物) : 조물주
• 도주(陶鑄) : 그릇을 만드는 일정한 틀.

【對譯】

저 사람이 부를 내세우면 나는 인(仁)을 내세우고, 저 사람이 벼슬을 내세우면 나는 의(義)를 내세우면 된다. 군자는 본디 임금이나 재상에게 구속당하지 않는다. 사람의 마음이 정해지면 하늘을 이길 수 있고, 뜻이 한결같으면 기(氣)를 움직일 수 있다. 군자는 또한 조물주가 만든 틀에도 구애받지 않는다.

【大意】

군자는 재물의 힘이나 권력에 눌리거나 비굴해지지 말아야 한다. 사람의 힘을 굳건히 하면 자연의 힘도 이겨 낼 수 있고, 뜻을 하나로 모으면 기질까지도 바꿀 수 있다. 그러므로 군자는 조물주의 농락도 받지 않는다.

43

입신 불고일보립 여진리
立身에 不高一步立하면 如塵裡에
진의 니중 탁족 여하초
振衣하며 泥中에 濯足하니 如何超
달 처세 불퇴일보처
達이리요? 處世에 不退一步處하면
여비아 투촉 저양 촉번
如飛蛾가 投燭하며 羝羊이 觸藩이니
여하안락
如何安樂이리요.

【訓音】

塵 티끌 진　　泥 진흙 니　　濯 씻을 탁
達 이를 달　　燭 촛불 촉　　觸 받을 촉

【語句】

- 탁족(濯足) : 발을 씻다.
- 초달(超達) : 뛰어넘어 도달함.
- 비아(飛蛾) : 불나방
- 저양촉번(羝羊觸藩) : 숫양이 뿔로 울타리를 받다가 뿔이 걸려 어쩌지 못하는 상태.

【對譯】

입신함에 있어 한 걸음 더 높이 세우지 않으면 마치 먼지 속에서 옷을 털고 진흙 속에서 발을 씻는 것과 같으니 어떻게 멀리 뛰어 도달할 수 있겠는가? 처세함에 한 걸음 물러서서 처신하지 않으면 마치 불나방이 촛불에 몸을 던지고 뿔난 양이 울타리를 받음과 같으니 어떻게 편안할 수 있겠는가?

【大意】

입신출세를 하기 위해서는 다른 사람보다 더 많이 노력해서 한 걸음 앞서 올라가야만 한다. 원문의 '저양촉번(羝羊觸藩)'은 「역경」의 대장괘(大壯卦)로서 숫양이 제 힘을 믿고 울타리를 떠받다가 뿔이 울타리 사이에 걸려 빠져 나오지 못함을 훈계한 말이다.

44

학자 요수습정신 병귀일
學者는 要收拾精神하여 併歸一
로 여수덕이유의어사공명
路라. 如修德而留意於事功名
예 필무실예 독서이기흥
譽하면 必無實詣하며 讀書而寄興
어음영풍아 정불심심
於吟咏風雅하면 定不深心이라.

【訓音】

併 아우를 병 譽 기릴 예 詣 도달할 예
雅 깨끗할 아

【語句】
• 수습(收拾) : 거두어 모음.
• 실예(實詣) : 실제의 성과.
• 기흥(寄興) : 흥을 붙이는 것.
• 음영(吟咏) : 시를 읊음.

【對譯】
학문을 하는 사람은 정신을 가다듬어 모두 한 곳에 집중해야 한다. 만약 덕을 닦으면서 마음을 성공과 명예에 두면 반드시 실제의 성과가 없을 것이며, 책을 읽으면서 시 읊는 것이나 풍류에 흥을 붙이면 참으로 깊이 느끼지 못할 것이다.

【大意】
학문을 하기로 결심이 섰다면 오로지 그 목적을 향해 정신을 집중하여 매진해야 한다. 만약 명예나 업적 따위에 마음을 둔다면 그것은 아무 성과도 올리지 못할 것이다. 글을 읽는 사람이 취미나 도락 따위에 열중한다면 그것은 형식적인 독서일 뿐 깊은 마음이 깃들지 못할 것이다.

45

人人이 有個大慈悲하니 維摩屠劊가 無二心也며 處處에 有種眞趣味하니 金屋茅簷이 非兩地也라. 只是欲蔽情封하여 當面錯過하면 使咫尺千里矣라.

인인 유개대자비 유마도회 무이심야 처처 유종진취미 금옥모첨 비양지야 지시욕폐정봉 당면착과 사지척천리의

【訓音】

茅 띠풀 모　　簷 처마 첨　　蔽 가릴 폐
封 봉할 봉　　錯 어긋날 착

【語句】

- 도회(屠劊) : 도는 백정, 회는 망나니.
- 모첨(茅簷) : 초가집
- 지척천리(咫尺千里) : 가까운 거리가 천리나 되도록 멀다는 뜻.
- 유마 거사(維摩居士) : 석가모니와 같은 시대 사람으로 집에서 보살업을 닦았음.

【對譯】

사람마다 모두 큰 자비심을 갖고 있으니, 유마 거사

와 백정 · 망나니는 본래 마음이 둘이 아니며, 곳곳에 참다운 취미가 있어서 호화로운 집과 초가집이 서로 본래 다른 두 곳이 아니다. 다만 욕심에 덮이고 정에 가리워 눈앞의 일에 실수를 하면, 지척도 천리가 되게 한다.

【大意】

지위 · 신분이 높은 사람이나 낮은 사람을 가릴 것 없이 이 세상 모든 사람에겐 대자대비의 불심이 깃들여 있다. 부귀한 사람이나 빈천한 사람을 가릴 것 없이 이 세상 모든 사람에겐 일종의 참다운 취미가 있으니, 금으로 장식한 집이든 초가삼간이든 그 나름의 취미가 있는 법이다. 그렇지만 욕심이나 질투가 사람을 미치게 만들어 마침내는 천리나 떨어지게 만든다.

46

진덕수도 요개목석적염두
進德修道엔 要個木石的念頭니
약일유흔선 변추욕경 제
若一有欣羨이면 便趨欲境이라. 濟
세경방 요단운수적취미 약
世經邦엔 要段雲水的趣味니 若
일유탐착 변타위기
一有貪著이면 便墮危機니라.

【訓音】

欣 기쁠 흔	羨 부러워할 선	趨 달릴 추
濟 건질 제	經 다스릴 경	邦 나라 방
貪 욕심 탐	著 붙을 착	墮 떨어질 타
機 기틀 기		

【語句】

• 목석적염두(木石的念頭) : 목석처럼 냉정한 생각.
• 흔선(欣羨) : 기뻐하고 부러워함.
• 제세경방(濟世經邦) : 세상을 구제하고 나라를 다스림.
• 운수적취미(雲水的趣味) : 떠도는 구름, 조용히 흐르는 물과 같이 한가로운 취미.
• 탐착(貪著) : 욕심에 집착함.

【對譯】

덕을 목표로 하고 도를 닦는 데는 목석과 같은 냉정한 마음을 지녀야 하니, 만일 한 번이라도 기뻐하고 부러워하는 마음이 있게 되면 문득 욕망의 경지로 치닫게 된다. 세상을 구하고 나라를 다스리는 데는 구름이나 물과 같이 깨끗한 취미가 있어야 하니, 만일 한 번이라도 탐욕이 붙게 되면 문득 위기로 떨어지게 된다.

【大意】

덕을 기르고 도를 닦으려면 부귀에 대해 목석같이 냉담해야만 된다. 만약 부귀에 대해 조금이라도 부러워하는 마음이 생긴다면 그 마음의 포로가 되어 걷잡을 수 없게 될 것이다. 정치가가 되어 세상을 경륜하려면 운수(雲水)처럼 마음을 비워야 한다. 행여 명예와 지위에 집착하는 마음이 조금이라도 있다면 타락의 늪으로 빠져들 것이다.

47

吉人은 無論作用安祥이요 卽夢寐神魂도 無非和氣라. 凶人은 無論行事狼戾요 卽聲音笑語도 渾是殺機니라.

【訓音】

祥 자세할 상	寐 잠잘 매	狼 이리 랑
戾 어그러질 려	笑 웃음 소	渾 담을 혼

【語句】

• 낭려(狼戾) : 이리처럼 사납다.

• 소어(笑語) : 웃음띤 말.
• 살기(殺機) : 남을 해치는 기운.

【對譯】
선한 사람은 행동이 안락하고 상서로운 것은 물론이고, 잠자는 사이의 정신도 모두 화기가 아닌 것이 없다. 흉한 사람은 행동이 거칠고 사나울 뿐 아니라, 웃음소리조차도 살기를 띠고 있다.

【大意】
도를 닦고 덕을 기르는 사람은 그 표정도 온화하고, 마음이 바르지 못한 사람은 그 표정도 험악하게 나타난다. 다 같은 세상을 살고 있지만 수양이 몸에 밴 사람은 꿈이나 생시나 모두 화기에 차 있고, 나쁜 사람은 음성과 웃음소리에서도 살기를 띠어 그 행동이 난폭하다.

48

간수병 즉목불능시 신수
肝受病이면 則目不能視하고 腎受
병 즉이불능청 병수어인
病이면 則耳不能聽하니, 病受於人
소불견 필발어인소공견
所不見하여 必發於人所共見이라.
고 군자 욕무득죄어소소
故로 君子는 欲無得罪於昭昭어든
선무득죄어명명
先無得罪於冥冥하라.

【訓音】

視 볼 시　　耳 귀 이　　昭 밝을 소
先 먼저 선　　冥 어두울 명

【語句】

• 수병(受病) : 병을 얻다.
• 소소(昭昭) : 환히 밝은 곳.
• 명명(冥冥) : 캄캄하게 어두운 곳.

【對譯】

간에 병이 나면 눈이 보이지 않고, 신장에 병이 나면 귀가 들리지 않으니, 병은 사람이 볼 수 없는 곳에서 생겨 반드시 사람들이 모두 볼 수 있는 곳에 나타난다. 그러므로 군자는 밝은 곳에서 죄를 얻지 않으려면 먼저 어두운 곳에서 죄를 짓지 말아야 한다.

【大意】
안질에는 간을 치료하고, 귓병에는 신(腎)을 다스리는 것을 원칙으로 하고 있다. 이처럼 병은 사람이 볼 수 없는 곳에서 생기되 결국 사람이 볼 수 있는 곳에 나타난다는 것이다. 그런 뜻에서 '사람은 혼자 있을 때를 조심하고 삼가라' 는 말은 매우 교훈적인 말이다.

49

福莫福於少事하고 禍莫禍於多心이니 唯苦事者라야 方知少事之爲福이요 唯平心者라야 始知多心之爲禍니라.

(복막복어소사 화막화어다심 유고사자 방지소사지위복 유평심자 시지다심지위화)

【訓音】
莫 말 막　　禍 재앙 화　　唯 오직 유
始 비로소 시

【語句】

• 소사(少事) : 일이 적음.
• 다심(多心) : 마음을 많이 씀.

【對譯】

복은 일이 적은 것보다 더한 복이 없고, 화는 마음을 많이 쓰는 것보다 더한 화가 없다. 오직 일에 시달려 본 사람이라야만 바야흐로 일이 적음이 복임을 알게 되고, 오직 마음이 평안한 자라야만 비로소 마음을 많이 쓰는 것이 화가 됨을 알 수 있다.

【大意】

편하게 살려면 일이 적어야 한다. 가지 많은 나무에 바람 잘 날이 없는 것이다. 무엇이 가장 행복한 것이냐 하면 그것은 아무 일도 일어나지 않은 것이 가장 행복한 것이요, 무엇이 가장 불행한 것이냐 하면 그것은 너무 욕심을 많이 부리는 것이다.

무조건 일을 하지 말라는 것은 아니고 공연히 일을 번거롭게 만들지 말라는 뜻이다.

50

處治世엔 宜方하고 處亂世엔 宜圓하며 處叔季之世엔 當方圓並用이라. 待善人엔 宜寬하고 待惡人엔 宜嚴하며 待庸衆之人엔 當寬嚴互存이라.

(처치세엔 의방하고 처난세엔 의원하며 처숙계지세엔 당방원병용이라. 대선인엔 의관하고 대악인엔 의엄하며 대용중지인엔 당관엄호존이라.)

【訓音】

宜 마땅할 의　　季 막내 계　　叔 아재비 숙

【語句】

- 치세(治世) : 잘 다스려지는 세상.
- 난세(亂世) : 어지러운 세상.
- 숙계지세(叔季之世) : 말세
- 용중지인(庸衆之人) : 평범한 사람.

【對譯】

정치가 잘 행해지는 세상에 처해서는 방정해야 하고, 어지러운 세상에 처해서는 원만해야 하며, 말세에는 방정함과 원만함을 함께 써야 한다. 선한 사람을 대할 때는 너그럽게 해야 하고, 악한 사람을 대할 때는 엄격해야 하며, 평범한 사람을 대할 때는 마땅히 너그러움과 엄격함을 함께 지녀야 한다.

【大意】

지나친 감정의 격화로 인하여 패가망신해서는 안 되는 것이다. 둥글게 해야 할 때 모나게 군다든지 모나게 해야 할 때 둥글게 대함으로써 상대방의 오해를 불러일으키고, 자기 자신의 위신을 손상시켜서는 안 된다. 때와 장소에 알맞은 처세법, 방정함과 원만함을 겸용해야 할 때를 잘 선택해야 한다.

51

아 유 공 어 인　불 가 염　이 과
我有功於人은 不可念이나 而過
즉 불 가 불 념　인 유 은 어 아
則不可不念이요. 人有恩於我는
불 가 망　이 원 즉 불 가 불 망
不可忘이나 而怨則不可不忘이라.

【訓音】

過 허물 과　　忘 잊을 망　　怨 원망할 원

【語句】

• 유공어인(有功於人) : 남에게 베푼 공.

• 불가불(不可不) : 하지 않으면 안 됨.
• 유은어아(有恩於我) : 나에게 베푼 은혜가 있음.

【對譯】
내가 다른 사람에게 베푼 공이 있거든 마음에 새겨 두지 말고, 허물이 있거든 마음에 꼭 새겨 두지 않으면 안 된다. 다른 사람이 나에게 베푼 은혜는 잊어서는 안 되고, 원망은 잊어 버리지 않으면 안 된다.

【大意】
사람을 위하여 베푼 은혜는 거기에 대한 보답 같은 것은 생각지도 말고 깨끗이 잊어야 한다. 그러나 나에게 과실이 있거든 절대 잊어서는 안 된다. 항시 그 잘못을 뉘우치고 그 잘못을 고쳐야 한다. 또한 다른 사람이 나에게 베푼 은혜와 호의는 한평생 잊어서는 안 되고, 다른 사람에 대한 원한 따위는 깨끗이 잊어 버려야 한다. 자기 자신은 엄격히 다스리고, 남은 관대하게 대하여야 한다는 말이다.

52

施恩者內不見己하고 外不見人하면 則斗粟도 可當萬鍾之惠라 利物者計己之施하고 責人之報하면 雖百鎰이라도 難成一文之功이라.

【訓音】

施 베풀 시　　粟 곡식 속　　鍾 되이름 종
責 맏을 책　　鎰 스물넉냥 일

【語句】

• 두속(斗粟) : 한 말의 곡식. 작은 수량.
• 만종(萬鍾) : 많은 양의 곡식.
• 백일(百鎰) : 많은 돈.
• 일문(一文) : 한 푼의 돈.

【對譯】

은혜를 베푸는 사람이 안으로는 자기를 보지 않고 밖으로는 남을 생각지 않는다면, 이는 한 말의 곡식을 주어도 수만 섬의 곡식을 준 은혜에 해당할 것이다. 남에게 물질의 이로움을 주는 사람이 자기가 남에게 베푼다는 생각을 갖고 은혜를 갚기를 바란다면, 비록 수천 냥을 주더라도 한 푼을 주는 공도 이루기가 어렵다.

【大意】

남을 돕는 일은 즐거운 일이다. 주는 사람이 자기의 베푼 일에 대하여 전혀 생각지도 않고 받는 사람에 대하여도 고맙게 생각할 것이라는 것을 생각조차 아니하고 있다면, 비록 베푼 것이 적다 하더라도 그 가치에 있어 많은 것을 준 것과 다름이 없다. 이와는 반대로 은혜를 베풀어 주면서 그 보답을 바라는 마음이 조금이라도 있다면 아무리 큰 것을 주었을지라도 그 가치에 있어 한 푼의 공도 이루기 어렵다. 즉 기껏 베푼 것이 물거품처럼 되어 버린다.

53

人之際遇는 有齊有不齊어늘 而能使己獨齊乎아? 己之情理도 有順有不順이어늘 而能使人皆順乎아? 以此相觀對治면 亦是一方便法門이라.

【訓音】

際 사귈 제　　　遇 만날 우　　　齊 엄숙할 제

【語句】

• 제우(際遇) : 여러 가지 경우.
• 상관대치(相觀對治) : 다른 사람과 비교하여 균형을 잡아 다스려 나감.
• 방편법문(方便法門) : 편리하게 세상을 사는 방법.

【對譯】

사람들이 세상을 사는 경우를 보면 갖출 것을 다 갖춘 사람도 있고 다 갖추지 못한 사람도 있는데, 자기 홀로만 다 갖추기를 바라서야 되겠는가? 자신의 마음도 순탄할 때가 있고 순탄하지 못할 때가 있는데, 남들은 다 순탄하기를 바라겠는가? 이것을 서로 대조하여 다스려 나가는 것도 하나의 편리한 생활 방편이 될 것이다.

【大意】

사람은 누구나 오복(五福)을 다 갖추려 하지만 오복을 고루 갖춘 사람은 거의 없을 것이다. 그러니 남이 다 못하고 있는 일을 어떻게 자기 혼자만 갖추어지기를 바랄 수 있을손가. 세상만사 뜻대로 되지 않는다는 점을 감안하여 내 입장과 상대방의 입장을 생각하면서 대한다면 합리적인 삶의 방편이 나오게 될 것이다.

54

心地乾淨(심지건정)이라야 方可讀書學古(방가독서학고)라. 不然(불연)이면 見一善行(견일선행)에 竊以濟私(절이제사)하고 聞一善言(문일선언)에 假以覆短(가이부단)이러니. 是(시)는 又藉冠兵而齎盜糧(우자구병이재도량)이라.

【訓音】

淨 조촐할 정　　竊 훔칠 절　　覆 덮을 부
假 빌 가　　藉 빙자할 자　　齎 가질 재

【語句】

- 건정(乾淨) : 깨끗함.
- 제사(濟私) : 자기의 욕심을 채움.

【對譯】

마음을 깨끗이 한 다음에야 비로소 책을 읽고 옛것을 배워야 한다. 그렇지 않으면 한 가지 착한 행실을 보면 그것을 훔쳐 자신의 욕심을 채우고, 한 마디 착한 말을 들으면 그것을 빌려 자기의 단점을 덮으려 할 것이니, 이는 바로 적에게 무기를 주고 도둑에게 양식을 대주는 것과 같다.

【大意】

책을 읽기 위해서는 마음이 맑아야 한다. 그렇지 못하다면 책 속에 있는 좋은 행동과 좋은 말을 인격 도야에 쓰지 않고 제가 잘난 척 뽐내고 제 단점을 감추는 데 악용할 뿐이다. 그렇게 한다면 이것은 원수에게 군사를 대어 주는 것이요, 도적에게 식량을 대어 주는 격이 될 것이다.

55

奢者(사자)는 富而不足(부이부족)하나니 何如儉者(하여검자)의 貧而有餘(빈이유여)리요. 能者(능자)는 勞而府怨(노이부원)하나니 何如拙者(하여졸자)의 逸而全眞(일이전진)이리요.

【訓音】

奢 사치스러울 사　儉 검소할 검　勞 수고로울 로
府 마을 부　拙 어리석을 졸

【語句】

• 부이부족(富而不足) : 부하면서도 부족을 느끼는

것.

• 빈이유여(貧而有餘) : 가난하면서도 여유가 있는 것.

• 노이부원(勞而府怨) : 수고롭게 일하면서도 원망을 사는 것.

• 일이전진(逸而全眞) : 편안하고 본성을 그대로 보전함.

【對譯】

사치스런 사람은 부자이면서도 만족할 줄 모르니 어찌 검소한 사람의 가난하지만 여유 있는 것과 같겠는가? 능력 있는 자는 수고로움이 많으나 원망을 쌓으니 어찌 능력 없는 사람의 편안하면서도 본성을 온전히 하는 것만 같겠는가?

【大意】

사치에 맛을 들이면 아무리 부자라도 만족함이 없을 것이다. 반대로 검소한 사람은 가난해도 절약하기 때문에 오히려 여유가 있다. 또 재능이 있는 사람은 자신의 재능만을 믿고 지나치게 노력함으로써 남의 원망을 산다. 그러니 졸렬하지만 항상 편안하면서 스스로의 본성을 온전히 보존하는 것과 어느 쪽이 낫겠는가.

56

독서 불견성현 위연참용
讀書하되 不見聖賢하면 爲鉛槧庸
거관 불애자민 위의관
이요 居官하되 不愛子民하면 爲衣冠
도 강학 불상궁행 위구
盜라 講學하되 不尙躬行이면 爲口
두선 입업 불사종덕 위
頭禪이요, 立業하되 不思種德하면 爲
안전화
眼前花라.

【訓音】

鉛 납 연	槧 서판 참	庸 쓸 용
尙 숭상할 상	躬 몸 궁	禪 참선할 선

【語句】

- 연참용(鉛槧庸) : 글을 베끼는 고용인.
- 자민(子民) : 백성
- 의관도(衣冠盜) : 의관을 갖춘 도둑. 부정 공무원.
- 궁행(躬行) : 몸소 실천함.
- 구두선(口頭禪) : 말로만 하는 참선.

【對譯】

책을 읽으면서도 성현을 보지 못한다면 책의 노예가 되고, 높은 벼슬에 있으면서도 백성을 사랑하지 않는다면 부정 공무원이 된다. 학문을 가르치면서 몸소 실천함을 숭상하지 않으면 구두선(口頭禪)이 되고, 사업을 하면서 은덕 베풀기를 생각하지 않으면 눈앞의 꽃이 시드는 꼴이 된다.

【大意】

책을 읽고도 성현의 도를 체득하지 못하면 아무리 많은 책을 읽은들 무슨 소용이 있겠는가? 벼슬자리에 있으면서 백성을 제대로 다스리지 못하면 그 자리만 도적질한 도적일 뿐이다. 공익을 목적으로 하는 큰 사업가가 그 소득을 사회에 환원하여 덕을 베풀지 않으면 이것은 눈앞에 지는 꽃과 같이 덧없는 사업이 되고 말 것이다.

57

인심 유일부진문장 도피
人心에 有一部眞文章이로되 都被
잔편단간봉고료 유일부진
殘編斷簡封錮了하며 有一部眞
고취 도피요가염무인몰료
鼓吹로되 都被妖歌艶舞湮沒了하
학자 수소제외물 직멱
니 學者는 須掃除外物하고 直覓
본래 재유개진수용
本來하여 纔有個眞受用하라.

【訓音】

編 엮을 편　　鼓 북 고　　吹 맛볼 취
妖 요사스러울 요　　艶 아름다울 염　　湮 떨어질 인
掃 쓸 소　　覓 찾을 멱

【語句】

• 잔편(殘編) : 옛사람이 남긴 책.
• 봉고(封錮) : 갇히다.
• 고취(鼓吹) : 북을 치고 피리를 부는 것.
• 인몰(湮沒) : 파묻혀 없어짐.

【對譯】

사람의 마음속에는 한 편의 참된 문장이 있지만, 모두 옛사람들이 남겨 놓은 조각 글로 모두 굳게 갇혀 있고, 누구나 한 곡조의 참다운 음악을 갖고 있지만 요염한 가무에 파묻혀 없어진다. 그러므로 배우는 사람은 모름지기 외부의 사물을 쓸어 버리고, 본래의 것을 찾아야만 겨우 참된 것을 받아들이게 된다.

【大意】

사람의 마음속에는 천부적인 참문장과 참음악이 있는 것이다. 그럼에도 불구하고 외계에서 오염된 문장과 요염한 노래와 춤 때문에 본래의 참다운 문학적 속성과 한 가락의 참음악이 폐쇄당하고 소멸해 가는 것이다. 그러므로 배우는 사람은 외부로부터의 유혹을 물리치고 본래 지니고 있는 참다운 예술적

소양을 발휘하도록 해야 한다.

58

苦心中(고심중)에 常得悅心之趣(상득열심지취)하고 得(득)
意時(의시)에 便生失意之悲(변생실의지비)니라.

【訓音】

悅 기쁠 열　　趣 취미 취　　悲 슬플 비

【語句】

• 열심지취(悅心之趣) : 마음을 기쁘게 하는 멋.
• 실의지비(失意之悲) : 실의에 잠기는 슬픔.

【對譯】

마음이 괴로울 때에는 항상 마음을 기쁘게 하는 멋을 가져야 하고, 득의할 때에는 문득 실의의 슬픔이 생기게 마련이다.

【大意】

괴로움에 겨워 시름하는 가운데 기쁨이 찾아오고, 득의의 웃음이 한창일 때 알지 못하는 사이에 슬픔이 찾아든다. 군자는 괴로움 속에 희망을 가지고 기

뽐이 절정에 달했을 때를 조심하는 법이다.

59

부 귀 명 예　자 도 덕 래 자　여 산
富貴名譽가 自道德來者는 如山
림 중 화　자 시 서 서 번 연　자
林中花하여 自是舒徐繁衍하고, 自
공 업 래 자　여 분 함 중 화　변
功業來者는 如盆檻中花하여 便
유 천 사 폐 흥　약 이 권 력 득 자
有遷徙廢興하며, 若以權力得者는
여 병 발 중 화　기 근　불 식
如甁鉢中花하여 其根을 不植이니
기 위　가 립 이 대 의
其萎를 可立而待矣라.

【訓音】

譽 기릴 예	舒 한가할 서	徐 천천히 서
繁 번성할 번	衍 성할 연	檻 난간 함
徙 옮길 사	鉢 밥그릇 발	萎 시들 위

【語句】

- 서서(舒徐) : 천천히
- 번연(繁衍) : 무성해짐.
- 분함(盆檻) : 화분

• 천사(遷徙) : 옮김.
• 병발(甁鉢) : 화병, 꽃병.

【對譯】

부귀와 명예가 도덕적 경지에서 얻어진 것은 산속에 핀 꽃과 같아 저절로 무성해서 오래가고, 자기 힘으로 얻어진 것은 마치 화분의 꽃과 같아서 옮겨 심을 때가 있어 흥하고 쇠함이 있다. 더욱이 권력으로부터 얻어진 부귀와 명예는 마치 꽃병 속의 꽃과 같이 뿌리를 심은 것이 아니니, 그 시드는 것은 서서도 기다릴 수 있다.

【大意】

똑같은 부귀공명이라도 그것을 얻게 된 원인에 따라 큰 차이가 있다. 도덕으로 얻은 것이 가장 오래 가는데 이를 꽃에 비유한다면 자연 속에 저절로 피는 꽃과 같아 뿌리가 튼튼한 때문이고, 권력으로 얻은 것은 잠시 꺾어다 꽂은 화병의 꽃과 같아서 곧 시들어 버린다.

60

春至時和하면 花尙鋪一段好色하고 鳥且囀幾句好音하니 士君子가 幸列頭角하고 復遇溫飽하여 不思立好言行好事하면 雖是在世百年이라도 恰似未生一日이라.

【訓音】

鋪 깔 포　　囀 지저귈 전　　角 뿔 각
飽 배부를 포　　恰 비슷할 흡　　似 같을 사

【語句】

• 시화(時和) : 화창한 계절.
• 사군자(士君子) : 선비
• 온포(溫飽) : 따뜻이 입고 배불리 먹음.
• 입호언(立好言) : 좋은 말을 함.
• 행호사(行好事) : 좋은 일을 행함.

【對譯】

봄이 와서 시절이 화창해지면 꽃들도 오히려 한층 아름다운 색깔을 펴고, 새들도 몇 곡조 아름다운 노래를 지저귄다. 선비로서 다행히 두각을 나타내고 거기다가 따뜻한 옷에 배불리 먹으면서도 좋은 말과 좋은 일을 행하기를 생각하지 않는다면, 이는 비록 일백 년을 살더라도 하루도 사는 것이 아님과 같다.

【大意】

봄이 오면 만물이 모두 생기를 띤다. 꽃과 새들도 한층 더 명랑한 기분으로 노래부른다. 사람으로 태어나 다행히 때를 만나 선비란 이름으로 두각을 나타내고, 게다가 굶주리지 않고 헐벗지 않았으니 어찌 복이라 아니할 수 있으리요. 마땅히 분발하여 사회적 사명감을 느껴야 할 것이다. 사람은 모름지기 가치있게 살아야 한다.

61

학 자 요 유 단 긍 업 적 심 사
學者는 要有段兢業的心思하고
우 요 유 단 소 쇄 적 취 미 약 일
又要有段瀟灑的趣味라. 若一
미 렴 속 청 고 시 유 추 살 무
味斂束清苦하면 是는 有秋殺無
춘 생 하 이 발 육 만 물
春生이니 何以發育萬物이리요?

【訓音】

兢 조심할 긍　　瀟 맑을 소　　灑 물뿌릴 쇄
斂 거둘 렴　　束 묶을 속

【語句】

• 긍업(兢業) : 일에 부지런함.
• 소쇄(瀟灑) : 산뜻하고 깨끗함.
• 염속(斂束) : 단속
• 청고(淸苦) : 지나치게 맑음.
• 추살(秋殺) : 만물을 시들게 하는 가을의 살기.
• 춘생(春生) : 만물을 소생시키는 봄의 기운.

【對譯】

배우는 사람은 일단 일을 부지런히 처리하는 마음을 지녀야 하고, 또 맑고 시원한 취미를 지녀야 한다. 만약 한결같이 단속만 하고 지나치게 맑기만 하면 이는 가을의 살기만 있고 봄의 생기가 없는 것이니, 무엇으로 만물을 발육시키겠는가?

【大意】

사람이 너무 야무지고 빈틈이 없으면 가을 같은 찬 기운이 감돌 것이니, 어떻게 세상일을 훈훈하고 윤택하게 해 나갈 수 있으리요. 물이 지나치게 맑으면 고기가 살 수 없듯이 사람도 너무 융통성이 없어서는 안 된다.

62

眞廉(진렴)은 **無廉名(무렴명)**이니 **立名者(입명자)**는 **正(정)所以爲貪(소이위탐)**이요, **大巧(대교)**는 **無巧術(무교술)**이니 **用術者(용술자)**는 **乃所以爲拙(내소이위졸)**이라.

【訓音】

廉 청렴할 렴　　貪 탐욕스러울 탐　　術 꾀 술
所 바 소　　以 써 이　　拙 못날 졸

【語句】

- 대교(大巧) : 크게 똑똑함.
- 용술(用術) : 술책을 부림.
- 위졸(爲拙) : 못났기 때문.

【對譯】

참된 청렴에는 청렴하다는 이름이 없고, 청렴하다는 이름을 얻고자 하는 자는 탐욕스럽기 때문이며 큰 기교가 있는 사람은 교묘한 술책을 부리지 않으니 술책을 부리는 자는 못났기 때문이다.

【大意】

모든 이욕과 명예욕을 초월한 사람은 스스로를 자랑

하지 않는 법이다. 그러므로 진짜 청렴한 사람은 자신이 청렴하다고 생각하지 않는다. 그리고 참으로 큰 교묘한 재주를 가진 사람은 재주가 있는 것같이 보이지 않는다. 별재주도 없는 사람이 공연스레 떠들썩하게 소문만 내고 다니는 것이다. 빈 깡통이 요란스럽다는 말과 같은 것이다.

63

攲器는 以滿覆하고 撲滿은 以空全이라. 故로 君子는 寧居無이언정 不居有하며 寧處缺이언정 不處完이라.

(기기 / 이만복 / 박만 / 이공 / 전 / 고 / 군자 / 영거무 / 불거유 / 영처결 / 불처완)

【訓音】

滿 가득할 만 覆 넘어질 복 寧 차라리 영

缺 모자랄 결

【語句】

- 기기(攲器) : 그릇 이름. 중용의 도를 배우는 표준으로 삼는 도구. 속이 비면 기울어지고, 반쯤 채우면 반듯해지고, 가득 채우면 넘어진다고 한다.

• 박만(樸滿) : 흙으로 만든 저금통.

【對譯】

기기는 가득 차게 되면 넘어지고, 박만은 속이 비어 있으면 온전하다. 그러므로 군자는 차라리 무(無)의 경지에 처할지언정 유(有)의 경지에 처하지 않으며, 차라리 모자라는 경지에 처할지언정 완전한 곳에 처하지 않는다.

【大意】

부질없이 부귀공명을 이루기 위해 불안정한 모험을 하는 것보다는 차라리 무(無)의 경지에서 노는 것이 편하다는 것을 비유한 문장이다.

64

名根未拔者(명근미발자)는 縱輕千乘甘一瓢(종경천승감일표)라도 總墮塵情(총타진정)이요 客氣未融者(객기미융자)는 雖澤四海利萬世(수택사해리만세)라도 終爲剩技(종위잉기)니라.

【訓音】

縱 비록 종　　　瓢 표주박 표　　　融 녹일 융
剩 남을 잉

【語句】

• 천승(千乘) : 제후(諸侯). 임금.
• 일표(一瓢) : 하나의 표주박에 담은 하찮은 음식.
• 진정(塵情) : 속된 마음.
• 객기(客氣) : 쓸데없는 용기.
• 잉기(剩技) : 남은 재주. 쓸데없는 기능.

【對譯】

명예에 대한 뿌리를 뽑아 버리지 못한 사람은 왕의 부를 가벼이 알고, 한 표주박의 음식을 달게 여길지라도, 사실은 속세의 정에 떨어진 것이요, 거짓 용기가 완전히 사라지지 않은 사람은 비록 은덕을 사해에 베풀고 이익을 만세에 입힐지라도, 마침내 거짓 재주에 그치고 만다.

【大意】

명예와 이익에 대한 생각이 마음 한 구석에 조금이라도 남아 있으면 왕의 부귀를 가벼이 여기고, 거치른 음식을 달게 참는 척하여도, 그 본심은 속세의 미련에 떨어진 것이요, 겉으로 용기를 뽐내는 객기가 덜 풀린 자는 비록 그 은택을 천하 만세에 베풀어도 그것은 한낱 쓸데없는 재주일 뿐이다.

65

心體光明(심체광명)하면 暗室中(암실중)에 有青天(유청천)이요 念頭暗昧(염두암매)하면 白日下(백일하)에 生厲鬼(생려귀)이라.

【訓音】

暗 어두울 암　　味 어두울 매　　厲 사나울 려
鬼 귀신 귀

【語句】

• 염두(念頭) : 생각
• 암매(暗昧) : 컴컴함.
• 여귀(厲鬼) : 마귀

【對譯】

마음과 몸이 광명정대하면 캄캄한 방 가운데에서도 푸른 하늘이 있는 것 같고, 생각이 캄캄하면 밝은 날에도 마귀가 나타나서 일이 잘 되지 않는다.

【大意】

자기의 마음에 한 점의 부끄러움이 없다면 비록 어두컴컴한 밤중이라도 대낮같이 밝을 것이요, 자기의 마음이 조금이라도 어두우면 비록 찬란한 태양이 눈부신 한낮이라도 모든 잡념이 마음속을 어지럽게 할 것이다.

66

人知名位爲樂하고 不知無名無位之樂爲最眞하며 人知饑寒爲憂하고 不知不饑不寒之憂爲更甚이라.

(인지명위위락 부지무명무위지락위최진 인지기한위우 부지불기불한지우위갱심)

【訓音】

饑 굶주릴 기 寒 추울 한 憂 근심 우

更 다시 갱

【語句】

• 무명무위지락(無名無位之樂) : 명예와 지위가 없는 즐거움.
• 불기불한지우(不饑不寒之憂) : 굶주리지 않고 추위에 떨지 않는 근심.

【對譯】

사람들은 명예와 지위가 즐거운 것인 줄만 알고, 명예가 없고 지위가 없는 즐거움이 가장 참된 즐거움인 줄을 모른다. 사람들은 굶주리고 추위에 떠는 것을 걱정할 줄만 알고, 굶주림과 추위에 떨지 않는 근심이 더욱 심함을 모른다.

【大意】

명예나 지위를 얻고 또 부자가 되려는 근심보다는 차라리 약간 모자라는 형편에서 견뎌 나가는 것이 오히려 마음 편하다는 뜻이다.

67

爲惡而畏人知는 惡中에 猶有善路요, 爲善而急人知는 善處卽是惡根이라.

【訓音】

畏 두려울 외　　猶 오히려 유　　急 급할 급
處 처할 처　　根 뿌리 근

【語句】

• 외인지(畏人知) : 남이 알까 봐 두렵다.
• 급인지(急人知) : 남이 알아 주기를 급히 여김.

【對譯】

나쁜 행동을 하고 나서 사람들이 알까 두려워하는 것은 악한 가운데도 오히려 선한 마음이 있는 까닭이요, 선한 일을 하고서 사람들이 빨리 알아 주었으면 하는 마음이 급한 것은 착한 일을 하는 것이 바로 악의 근원이기 때문이다.

【大意】

악한 일을 하고서 남이 알까 두려워하는 것은 그 본심에 아직도 일말의 양심이 있기 때문이다. 선한 일을 해놓고도 그 선행이 곧바로 세상에 알려지기를 바라는 마음이 있다면 악에 물들을 가능성이 많다. 이것은 위선이라 하는 것이다. 이런 사람을 경계해야 한다.

68

천 지 기 함　불 측　억 이 신
天地機緘은 不測하여 抑而伸하고
신 이 억　개 시 파 롱 영 웅　전
伸而抑하니 皆是播弄英雄하고 顚
도 호 걸 처　군 자　지 시 역 래 순
倒豪傑處라. 君子는 只是逆來順
수　거 안 사 위　천 역 무 소 용
受하고 居安思危하니 天亦無所用
기 기 량 의
其技倆矣라.

【訓音】

緘 봉할 함　　測 헤아릴 측　　伸 펼 신
播 심을 파　　弄 희롱할 롱　　英 꽃뿌리 영
逆 거스릴 역　　倆 재주 량

【語句】

• 기함(機緘) : 기밀(機密).
• 파롱(播弄) : 희롱함.
• 기량(技倆) : 기술, 재주, 기량.

【對譯】

하늘의 기밀은 헤아리기가 어려워서 억제하였다가 신장시키기도 하고, 신장시켰다가 억제하기도 하니, 모두 영웅을 조롱하고 호걸을 넘어뜨리는 것이다.

군자는 다만 거슬리는 운명이 와도 순리로 받아들이고 편안하게 있을 때에 위태로울 때를 생각하니, 하늘 역시 그런 재주를 부릴 수가 없는 것이다.

【大意】
천지조화의 기밀은 인간의 지혜로는 도저히 예측할 수가 없는 것이다. 군자는 천운의 역수(逆數)가 오면 이를 순리(順理)로 받아들이고, 평안무사할 때에는 위태로움에 대한 대비를 미리 해 두기 때문에 조화가 무궁무진하다는 하늘도 군자에 대해서는 어떠한 조화도 부릴 수 없는 것이다.

69

조성자 화치 우물칙분
燥性者는 火熾하여 遇物則焚하고
과은자 빙청 봉물필살
寡恩者는 氷淸하여 逢物必殺하며
응체고집자 여사수부목
凝滯固執者는 如死水腐木하여
생기이절 구난건공업이연
生機已絶하니 俱難建功業而延
복지
福祉니라.

【訓音】

燥 마를 조　熾 활활 탈 치　焚 태울 분
寡 적을 과　凝 엉킬 응　滯 막힐 체
執 잡을 집　俱 함께 구　延 맞을 연

【語句】

• 조성자(燥性者) : 성질이 조급한 사람.
• 화치(火熾) : 불꽃

【對譯】

성질이 조급한 사람은 타는 불꽃 같아서 만나는 것마다 불태우고, 남에게 은혜 베풀기를 싫어하는 사람은 너무 얼음처럼 맑아서 만나는 것마다 반드시 죽이고 말며, 꽉 막혀 고집이 센 자는 괸 물이나 썩은 나무 같아서 생기가 이미 끊어져 모두 공업(功業)을 세우고 복을 길이 누리기가 어렵다.

【大意】

사람이 한평생을 살아가기 위해서는 참을성도 필요하고 양보할 줄도 알아야 한다. 그리고 남에게 베풀 줄도 알아야 하고, 서글서글한 면도 있어야 한다. 그러한 사람만이 큰 사업을 이룩하고 사회복지도 증진시킬 수 있는 것이다.

70

福不可徼니 養喜神하여 以爲召福之本而已요 禍不可避니 去殺機하여 以爲遠禍之方而已니라.

【訓音】

徼 구할 요　　召 부를 소　　禍 재앙 화

機 기틀 기　　已 이미 이

【語句】

- 희신(喜神) : 기쁜 마음.
- 살기(殺機) : 남을 해치려는 마음.

【對譯】

복은 억지로 구해서는 안 되니 즐거운 마음을 함양하여 복을 부르는 근본을 삼아야 할 뿐이며, 화는 피해서는 안 되고 살기를 제거하여 화를 멀리하는 방편을 삼아야 할 뿐이다.

【大意】

사람마다 행복을 손에 넣으려고 하지만 원하는 대로 되지 않는다. 다만 정신을 화평하게 함으로써 행복이 다가올 수 있는 바탕을 마련하는 것이 행복을 불러들이는 방법인 것이다. 불행도 동일한 것이다. 불행을 피하는 방법은 남을 중상모략하려는 생각부터 없애는 것이다. 행복은 부덕한 사람에게 오지 않고, 불행은 후덕한 사람에게 머무르지 않는 법이다.

71

십어구중 미필칭기 일어
十語九中이라도 未必稱奇나 一語
부중 즉건우변집 십모구
不中이면 則愆尤騈集하며 十謀九
성 미필귀공 일모불성
成이라도 未必歸功이나 一謀不成이면
즉자의총흥 군자 소이녕
則訾議叢興하나니 君子는 所以寧
묵 무조 영졸 무교
默이언정 毋躁하고 寧拙이언정 毋巧니라.

【訓音】

愆 허물 건　　謀 꾀 모　　訾 헐뜯을 자
叢 무더기 총　　默 묵묵할 묵　　躁 떠들 조
拙 졸렬할 졸

【語句】

• 칭기(稱奇) : 기이하다고 칭찬함.

• 건우(愆尤) : 허물을 탓함.
• 변집(駢集) : 사방에서 일제히 모여듦.
• 자의(訾議) : 헐뜯는 의논.
• 총흥(叢興) : 무더기로 일어남.

【對譯】
열 마디 말 가운데 아홉 마디가 맞더라도 반드시 기이하다고 칭찬하지 않으면서도, 한 마디 말이 맞지 않으면 허물이 한꺼번에 몰려들며, 열 가지 꾀 가운데 아홉 가지가 성공하더라도 공으로 돌리지 않으나, 한 가지 꾀라도 이루어지지 않으면 비난하는 말이 사방에서 일어난다. 그러므로 군자는 차라리 침묵할지언정 함부로 떠들지 않고, 차라리 못난 체할지언정 재주를 부리지 않는다.

【大意】
타인의 과실은 헐뜯고 자기 과실은 숨기려 드는 것이 세상 인심이다. 열 가지 가운데 아홉 가지를 잘하고 한 가지만 실수하여도 잘한 공은 없고 실수한 것에 대해 비난만을 듣게 된다. 그러므로 군자는 말 한 마디의 실수가 있어서도 안 되고, 일 한 가지의 실책이 있어서도 안 된다. 말은 화(禍)와 복(福)을 부르는 문(門)이라 했다.

72

天地之氣暖則生하고 寒則殺이라. 故로 性氣清冷者는 受享亦涼薄하니 唯和氣熱心之人이라야 其福亦厚하고 其澤亦長이라.

【訓音】

冷 차가울 랭　　涼 서늘할 량　　厚 두터울 후
澤 못 택　　亦 또 역

【語句】

- 청랭(清冷) : 맑고 차가움.
- 수향(受享) : 받아 누리는 것.
- 양박(涼薄) : 쌀쌀하고 얄팍함.

【對譯】

천지의 기운이 따뜻하면 만물이 소생하고, 추우면 죽게 된다. 그러므로 성품과 기질이 맑고 차가운 사람은 누리는 바 역시 박하니, 오직 기질이 온화하고 마음이 뜨거운 사람이라야만 그 복 역시 후하고 그 은택 역시 오래간다.

【大意】

일기가 화창하고 따뜻하면 초목에 물이 오르고 잎이 피며 꽃이 핀다. 반대로 날씨가 추워지면 잎이 떨어지고 모든 것이 얼어죽는다. 이같은 자연의 이치와 마찬가지로 기질이 차가운 사람은 받아들이는 것 또한 차고 메마르며, 심정이 따뜻하고 화기로운 사람은 그 누리는 복과 은택이 두텁고 오래간다.

73

천리로상 심관 초유심
天理路上은 甚寬하여 稍游心이라도
흉중 변각광대굉랑 인욕
胸中에 便覺廣大宏朗하고 人欲
로상 심착 재기적 안전
路上은 甚窄하여 纔寄迹이라 眼前에
구시형극니도
俱是荊棘泥塗니라.

【訓音】

寬 너그러울 관　稍 조금 초　窄 좁을 착
迹 자취 적　荊 가시 형　棘 가시 극
泥 진흙 니　塗 바를 도

【語句】

• 유심(遊心) : 마음을 쓰다.

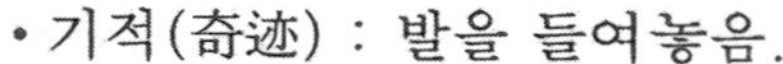

• 기적(奇迹) : 발을 들여놓음.
• 형극(荊棘) : 가시덤불
• 이도(泥塗) : 진흙탕으로 칠함.

【對譯】
하늘의 도리에 맞는 길은 매우 넓어서 조금이라도 거기에 마음을 쓰면 가슴속이 문득 넓어지고 밝아짐을 느끼게 되고, 사람의 욕심으로 내닫는 길은 매우 좁아서 조금만 발을 붙여도 눈앞이 가시덤불과 진흙탕으로 덮여 버린다.

【大意】
진리의 길은 넓고 넓어 조금만 거닐어 보아도 그 마음이 넓어지고 명랑해진다. 이와는 반대로 욕망의 길은 좁고 좁아 한 걸음만 들여놓아도 곧바로 가시덤불이나 진흙탕으로 빠져 버린다.

74

一苦一樂을 相磨練하여 練極而成福者는 其福이 始久하고 一疑一信을 相參勘하여 勘極而成知者는 其知가 是眞이라.

【訓音】

磨 갈 마　　疑 의심할 의　　勘 정할 감

【語句】

- 마련(磨練) : 갈고 가다듬다.
- 연극(練極) : 가다듬기를 극도로 하다.
- 참감(參勘) : 참작하여 결정하다.

【對譯】

한때의 괴로움과 즐거움을 서로 겪어 단련되어, 그 시련을 끝까지 견디어 복을 이룬 자는 그 복이 비로소 오래가고, 한 번 의심하고 한 번 믿는 가운데 참작하여 결정을 신중히 한 후에 이루어진 지식이라야 비로소 참된 것이다.

【大意】

괴로움을 겪지 않은 즐거움이란 모래 위의 집과 같아 오래가지 못한다. 산전수전을 다 겪은 후에야 참다운 행복이 무엇인가를 맛볼 수 있는 것이다. 의심을 겪지 않은 믿음은 참믿음이 아니다. 여러 가지 고민 끝에 얻은 지식이야말로 참지식인 것이다. 같은 찬물이라도 땀을 흘린 뒤에 마신 물이 얼마나 시원하게 느껴지겠는가!

75

심 불 가 불 허　허 즉 의 리 내 거
心不可不虛니 虛則義理來居하고
심 불 가 불 실　실 즉 물 욕 불 입
心不可不實이니 實則物慾不入이니라.

【訓音】

虛 빌 허　義 옳을 의　實 열매 실

【語句】

- 불가불(不可不) : 하지 않을 수 없다.
- 물욕불입(物慾不入) : 물욕이 들어오지 못한다.

【對譯】
마음은 비어 있지 않으면 안 되는 것이니 비어 있으면 정의와 진리가 거기 와서 살 것이요, 마음은 항상 채워 두지 않으면 안 되는 것이니 꽉 차 있어야 물욕(物慾)이 거기에 들어오지 못한다.

【大意】
물욕이나 잡념이 없는 것을 마음이 빈 상태라 하고, 정의나 진리가 가득 찬 것을 마음이 충실한 상태라고 한다. 물욕이나 잡념이 없어야 정의와 진리가 그 자리에 들어가 앉는 것이요, 정의와 진리로 가득 채워지면 물욕이 들어갈 틈이 없는 것이다.

76

地之穢者는 多生物하고 水之淸者는 常無魚라. 故로 君子는 當存含垢納汚之量하고 不可持好潔獨行之操라.

(지지예자 다생물 수지청자 상무어 고 군자 당존함구납오지량 불가지호결독행지조)

【訓音】

穢 더러울 예　　含 머금을 함　　垢 때 구
汚 더러울 오　　潔 깨끗할 결　　操 잡을 조

【語句】

• 예자(穢者) : 더러운 땅.
• 함구(含垢) : 때묻은 것.
• 호결(好潔) : 깨끗한 것을 좋아함.

【對譯】

더러운 토지에는 생물이 많고, 맑은 물에는 항상 고기가 살지 않는다. 그러므로 군자는 마땅히 때묻고 더러운 것을 받아들이는 도량을 지녀야지, 깨끗한 것을 좋아하여 홀로 행하는 뜻을 가져서는 안 된다.

【大意】

냄새가 나는 거름이 쌓인 더러운 땅에서는 초목이 무성하게 자라고, 물이 너무 맑은 곳에는 도리어 물고기가 살지 않는다. 그러므로 군자는 깨끗한 것과 더러운 것을 함께 받아들이는 아량을 가질 것이요, 매사에 너무 청결한 것만 찾고 고지식해서 사람들이 접근하기를 꺼리게 해서는 안 된다. 그리고 너무 혼자서 고차원적으로 행동해서도 안 된다. 대중들과 어울려 부족함을 이해해 주는 아량이 필요하다.

77

봉 가 지 마　　가 취 구 치　　약 야
泛駕之馬도 可就驅馳하고 躍冶
지 금　　종 귀 형 범　　지 일 우 유
之金도 終歸型範하니 只一優遊
부 진　　변 종 신 무 개 진 보　　백
不振하면 便終身無個進步라. 白
사 운　　위 인 다 병　　미 족 수
沙云하되 爲人多病이 未足羞요
일 생 무 병　　시 오 우　　진 확 론
一生無病이 是吾憂라 하니 眞確論
야
也라.

【訓音】

泛 엎을 봉　　駕 수레 가　　驅 달릴 구
馳 달릴 치　　冶 녹일 야　　羞 부끄러울 수

【語句】

- 형범(型範) : 주형(鑄型).
- 백사(白沙) : 명나라 때의 학자인 진헌장(陳獻章)의 호.
- 확론(確論) : 결정적인 의논.

【對譯】

수레를 뒤엎는 사나운 말도 길들이면 몰 수 있고, 녹

여 붓기 어려운 금도 마침내는 틀에 부어져 물건이 되니, 단지 편안히 놀기만 하고 노력하지 않는다면 일생 동안 진보함이 없다. 백사(白沙) 선생이 말하되, "사람이 병이 많은 것이 부끄러운 것이 아니요, 일생 동안 병 없음이 나의 근심거리이다." 라고 하였으니, 참으로 옳은 말이다.

【大意】

사람의 교육도 단련하고 분발하고 또 다듬으면 소기의 목적에 도달할 수 있으리라. 그러나 분발하지도 않고 다듬지도 않으면 무슨 발전이 있을 수 있겠는가? 일생 동안 번민과 고통 없이 지낸다면 얼마나 부끄러운 일이겠는가. 사람이라고 하면 누구나가 병마와 싸워 그 고통을 맛보아야만 인생의 진리를 알 것이다.

78

人只一念貪私면 便銷剛爲柔하고 塞智爲昏하며 變恩爲慘하고 染潔爲汚하여 壞了一生人品이라. 故로 古人은 以不貪으로 爲寶하니 所以度越一世라.

(인지일념탐사 변소강위유 색지위혼 변은위참 염결위오 괴료일생인품 고 고인 이불탐 위보 소이도월일세)

【訓音】

塞 막을 색　　惨 참혹할 참　　染 물들 염

壞 무너뜨릴 괴　度 법도 도

【語句】

• 탐사(貪私) : 사사로운 욕심을 채우는 것.
• 색지(塞智) : 지혜가 막힘.
• 염결(染潔) : 깨끗한 마음이 물들여짐.
• 도월(度越) : 초월하다.

【對譯】

사람이 오직 사적인 욕심을 채우기에 마음을 쓰면 굳센 기질을 녹여 우유부단하게 만들고, 지혜를 막아 어리석게 만들며, 은혜로움을 참혹으로 변화시키고, 깨끗함을 물들여 더럽게 하여 일생의 인품을 파괴시킨다. 그러므로 옛날 사람들은 탐욕 부리지 않는 것을 보배로 삼았으니, 그렇게 해야 한 세상을 초월할 수 있었던 것이다.

【大意】

탐욕이란 이성의 눈을 가리어 감각을 마비시킨다. 때문에 옛사람들은 탐욕하지 않는 것을 보배로 삼았다. 한 세상을 초연한 마음가짐으로 보낼 수 있는 힘은 바로 이 탐욕하지 않는 데서 비롯된 것이다.

79

耳目見聞(이목견문)은 爲外賊(위외적)이요 情欲意識(정욕의식)은 爲內賊(위내적)이니 只是主人翁(지시주인옹)이 惺惺不昧(성성불미)하여 獨坐中堂(독좌중당)하면 賊便化爲家人矣(적변화위가인의)라.

【訓音】

賊 도적 적　　翁 늙은이 옹　　惺 깨달을 성

昧 어두울 매　　堂 마루 당

【語句】

• 외적(外賊) : 외부로부터 침입하는 적.
• 내적(內賊) : 안에서 생기는 적.
• 성성(惺惺) : 정신을 차리고 깨어 있는 모습.

【對譯】

귀와 눈이 듣고 보는 것은 밖으로부터 오는 적이요, 정욕과 의식은 안에서 생기는 적이다. 단지 이는 주인 되는 본심이 깨어 어둡지 않아서 홀로 중심에 자리잡고 있으면 이들 적이 문득 화해서 한집안 식구가 된다.

【大意】

주인이 튼튼한 자세와 정신으로 버티고 앉아 있으면 내외의 도적이 어찌 침입할 틈이 있겠는가. 마음의 주인인 본심만 엄연히 그 자리에 지키고 있으면 걱정할 것이 못 된다. 마침내는 내외의 도적이 한식구로 변하게 될 것이기 때문이다.

80

圖未就之功은 不如保已成之業이요, 悔旣往之失은 不如防將來之非라.

(도미취지공 불여보이성지업 회기왕지실 불여방장래지비)

【訓音】

圖 도모할 도　　悔 뉘우칠 회　　往 갈 왕

【語句】

• 미취지공(未就之功) : 성취시키지 못한 공.
• 이성지업(已成之業) : 이미 성취시켜 놓은 일.

【對譯】

성취시키지 못한 공을 꾀하는 것은 이미 성취시킨 일을 보전해 나가는 것만 못하고, 지나간 실수를 뉘우치는 것은 장차 있을지 모르는 잘못을 방지하는 것만 못하다.

【大意】

사업의 계획 단계에서 고민하는 것보다는 이미 이룩해 놓은 업의 유지 발전에 정열을 쏟는 것이 훨씬 좋고, 지난 잘못으로 인해 걱정할 필요는 없다. 과실의

재발 방지에 온 힘을 기울이는 것이 최선의 길이다.

81

기 상 요 고 광 이 불 가 소 광
氣象은 要高曠이나 而不可疏狂하
심 사 요 진 밀 이 불 가 쇄
고 心思는 要縝密이나 而不可瑣
설 취 미 요 충 담 이 불 가
屑하며 趣味는 要沖淡이나 而不可
편 고 조 수 요 엄 명 이 불
偏枯하고 操守는 要嚴明이나 而不
가 격 렬
可激烈이라.

【訓音】

曠 넓을 광　　狂 미칠 광　　縝 빽빽할 진
瑣 잘 쇄　　屑 부스러기 설　　沖 빌 충
激 부딪칠 격

【語句】

- 소광(疏狂) : 엉성하고 경솔함.
- 진밀(縝密) : 빽빽하여 빈틈이 없음.
- 쇄설(瑣屑) : 지나치게 소심함.
- 충담(沖淡) : 담박함.
- 편고(偏枯) : 지나치게 메마름.

【對譯】

기상(氣象)은 높고 넓어야 하지만 너무 소탈하고 경망해서는 안 되고, 마음은 치밀해야 하지만 지나치게 소심해서는 안 되며, 취미는 담박해야 하지만 편벽되게 메말라서는 안 되며, 지조를 지킴에는 엄하고 분명해야 하지만 격렬해서는 안 된다.

【大意】

사람의 기상은 마땅히 높고 넓어야 하지만 상도(常道)를 벗어나서는 안 된다. 이처럼 모든 일은 너무 지나치거나 미치지 못함이 있어서는 안 된다.

82

풍래소죽 풍과이죽불류성
風來疏竹에 風過而竹不留聲하고,
안도한담 안거이담불류영
雁度寒潭에 雁去而潭不留影이라.
고 군자 사래이심시현
故로 君子는 事來而心始現하고,
사거이심수공
事去而心隨空이라.

【訓音】

疎 드물 소　　雁 기러기 안　　潭 못 담

隋 따를 수

【語句】

• 소죽(疎竹) : 드물게 선 대나무.
• 한담(寒潭) : 쓸쓸한 못.

【對譯】

바람이 성근 대나무밭에 불어와 소리를 내다가도 바람이 지나가면 대는 그 소리를 더 이상 내지 않고, 기러기가 쓸쓸한 못을 지나면서 그림자를 드리우지만 기러기가 지나가고 나면 못에는 그림자가 남지 않는다. 그러므로 군자는 일이 닥치면 마음이 그제야 나타나고, 그 일이 지나가면 마음도 따라서 비게 된다.

【大意】

대숲에 얇은 바람이 불면 소리를 내지만 바람이 지나고 나면 대는 그 소리를 남겨 놓지 않는다. 이와 같이 어떤 일이 지나가 버리면 사물에 연연함이 없이 그 전의 빈 상태로 돌아온다. 즉 지난 일에 쓸데없이 집착해서는 안 된다는 말이다.

83

청 능 유 용　　　인 능 선 단　　　명 불
淸能有容하며 仁能善斷하며 明不
상 찰　　　직 불 과 교　　　시 위 밀 전
傷察하며 直不過矯면 是謂蜜餞
불 첨　　　해 미 불 함　　　재 시 의 덕
不甛하며 海味不鹹이니 纔是懿德
이니라.

【訓音】

傷 아플 상　甛 달 첨　餞 전별할 전
鹹 짤 함　懿 아름다울 의

【語句】

• 상찰(傷察) : 자세히 살피는 폐단.
• 과교(過矯) : 지나치게 굳셈.
• 의덕(懿德) : 아름다운 덕.

【對譯】

청렴하면서도 포용하는 도량이 있고, 어질면서도 결단을 잘하며, 분명하면서도 너무 따지지 않고, 곧으면서 지나치게 강하지 않으면, 이는 이른바 꿀과자이면서도 달지 않고, 해산물이면서도 짜지 않다는 것으로, 이는 곧 아름다운 덕이라 할 것이다.

【大意】

청렴한 사람은 더러운 것에 못 견디는 성질이 있다손 치더라도 이를 참고, 더러운 것도 포용할 만한 그릇이 되어야 한다. 총명하고도 어질고, 강직하고도 너그러움이 최상의 인품이니, 이런 인격을 갖춘 사람이야말로 꿀 바른 음식도 꿀 냄새가 나지 않고, 해산물도 짠맛이 느껴지지 않는 것과 같은 것이다.

84

빈가 정불지 빈녀 정소
貧家도 淨拂地하고 貧女도 淨梳
두 경색 수불염려 기도
頭하면 景色이 雖不艷麗나 氣度는
자시풍아 사군자 일당궁수
自是風雅니 士君子가 一當窮愁
료락 내하첩자폐이재
廖落이나 奈何輒自廢弛哉리요?

【訓音】

梳 빗 소　　景 경치 경　　雅 아담할 아
窮 가난할 궁　　廖 쓸쓸할 료　　輒 문득 첩
弛 늦출 이

【語句】

• 불지(拂地) : 소제하는 것.

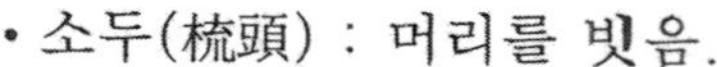

• 소두(梳頭) : 머리를 빗음.
• 염려(艷麗) : 아름답다.
• 풍아(風雅) : 풍류와 아취.
• 궁수(窮愁) : 곤궁한 근심.
• 요락(寥落) : 영락함.
• 폐이(廢弛) : 그만둠, 포기함.

【對譯】
가난한 집 안도 깨끗이 청소하고, 가난한 여인도 깨끗이 머리를 빗으면 그 모습이 비록 화려하지는 못하지만, 기품은 저절로 풍류스럽다. 선비가 한때 곤궁하여 근심하고 영락하더라도 어찌 스스로 포기하여야 하겠는가?

【大意】
인생의 삶이란 반드시 물질적으로 풍부해야만, 그리고 겉으로 아름다워야만 기품이 높고 맑아지는 법이 아니다. 비록 오막살이 초가삼간일망정 깨끗이 쓸고 닦으면 풍아한 맛이 있다. 하물며 선비가 한때 궁하여 초야에 묻히는 불우한 처지에 놓일지라도 어찌 비관을 하거나 자포자기할 수 있겠는가. 본래의 고상한 품격을 잊지 말아야 한다.

85

閒中에 不放過면 忙處에 有受用하고 靜中에 不落空이면 動處에 有受用하며 暗中에 不欺隱하면 明處에 有受用이라.

【訓音】

閒 한가할 한＝閑 忙 바쁠 망 欺 속일 기
隱 숨을 은

【語句】

• 방과(放過) : 그냥 지나쳐 버림.
• 기은(欺隱) : 속이고 감추는 것.

【對譯】

한가한 중에서도 헛되이 보내지 않으면 바쁠 때 유용함이 있고, 고요한 가운데에서도 공상에 빠지지 않으면 활동할 때에 도움이 있고, 어두운 속에서도 자신을 속이지 않으면 밝은 곳에서 도움이 있게 된다.

【大意】

조용히 쉬고 있을 때도 빈둥거려서는 안 되고, 일이 시작될 때 무엇인가 도움이 되도록 배려해 두는 자세가 요구된다. 사람이 보지 않는다고 해서 사람을 속이거나 양심을 속여서는 안 된다. 어두운 곳에서 자신을 속이지 않으면 밝은 곳에서 신망을 받게 될 것이다.

86

念頭起處에 纔覺向欲路上去면 便挽從理路上來하라. 一起便覺하고 一覺便轉이니 此是轉禍爲福하고 起死回生的關頭니 切莫輕易放過하라.

(염두기처 재각향욕로상거 변만종리로상래 일기변각 일각변전 차시전화위복 기사회생적관두 절막경이방과)

【訓音】

挽 이끌 만　　轉 굴릴 전　　關 관계할 관

【語句】

• 관두(關頭) : 갈림길

• 경이(輕易) : 가볍게 여김.

【對譯】

생각이 일 때에 조금이라도 욕망(欲望)의 길로 가는 것을 깨닫거든 도리에 맞는 길을 따르도록 이끌라. 생각이 일어나면 곧 깨달아야 하고, 깨닫자마자 곧 돌려야 하느니, 이것이 화를 돌리어 복으로 만들고, 죽은 것을 일으켜 살리는 중요한 갈림길이니, 절대 가볍게 여겨 그냥 지나쳐서는 안 된다.

【大意】

어떤 생각이 떠오를 때 그것이 사리사욕 쪽으로 향해 가는 느낌이 있거든 그 방향을 도리의 길로 오게 하라. 그리고 이내 깨쳐 생각과 행동을 바른 길로 전환시켜라. 그렇게 하면 그것이 곧 재앙을 복으로 만들고, 죽음을 삶으로 돌리는 고비가 될 것이니 소홀히 생각해서는 안 된다.

87

靜中(정중)에 念慮澄徹(염려징철)하면 見心之眞體(견심지진체)하고, 閒中(한중)에 氣象從容(기상종용)하면 識心之眞機(식심지진기)하며 淡中(담중)에 意趣沖夷(의취충이)하면 得心之眞味(득심지진미)하니 觀心證道(관심증도)는 無如此三者(무여차삼자)라.

【訓音】

澄 맑을 징　　徹 통할 철　　沖 화평할 충

【語句】

- 징철(澄徹) : 맑고 깨끗함.
- 진기(眞機) : 참다운 기틀.
- 충이(沖夷) : 편안함.

【對譯】

고요한 때에 생각이 맑고 깨끗하면 마음의 참모습을 볼 것이고, 한가한 때에 기상이 조용하면 마음의 참다운 기틀을 알 것이며, 담박한 가운데 뜻이 편안하면 마음의 참맛을 얻을 것이니, 마음을 살피고 도를 체득(體得)하는 방법은 이 세 가지보다 더 나은 것이 없다.

【大意】
한가롭고 평온한 가운데 기분이 느긋한 상태에서는 본래의 마음의 움직임도 알 수 있다. 담박한 가운데 마음이 완전히 평온한 상태에서는 본래의 마음의 묘미를 알 수 있다. 즉 마음의 본체를 관찰하고 도를 깨달음에는 이 세 가지 방법이 제일 좋다는 뜻이다.

88

정중정 비진정 동처 정
靜中靜은 非眞靜이니 動處에 靜
득래 재시성천지진경
得來라야 纔是性天之眞境이요
낙중락 비진락 고중
樂中樂은 非眞樂이니 苦中에
낙득래 재견심체지진기
樂得來라야 纔見心體之眞機니라.

【訓音】
靜 고요할 정　　性 성품 성　　境 경계할 경
眞 참 진　　機 기틀 기

【語句】
• 정중정(靜中靜) : 고요한 가운데 고요함.

• 낙중락(樂中樂) : 즐거운 가운데 즐거움.

【對譯】
고요한 가운데 고요한 것은 참된 고요함이 아니며, 바쁜 가운데 고요함을 얻어야 비로소 마음의 참경지에 이를 것이다. 즐거운 가운데 얻은 즐거움은 참즐거움이 아니며, 괴로운 가운데 얻은 즐거움이야말로 마음의 참된 기틀이다.

【大意】
괴로운 가운데서 얻어진 즐거움만이 차원 높은 즐거움이라는 것을 알아야 한다. 괴로움이 따로 있고 즐거움이 따로 있는 것이 아니요, 괴로움과 즐거움이 본시 한 뿌리이니 괴로운 생각을 문득 돌리면 즐거움이 된다는 말이다. 이 경지에 이르면 득도(得道)의 경지에 이르렀다 할 수 있고, 모든 고뇌에서 해탈(解脫)할 수 있다.

89

사기 무처기의 처기의
舍己어든 毋處其疑하라. 處其疑면
즉소사지지 다괴의 시인
卽所舍之志에 多愧矣리라. 施人커
무책기보 책기보 병소
든 毋責其報하라. 責其報하면 倂所
시지심 구비의
施之心이 俱非矣니라.

【訓音】

舍 버릴 사	愧 부끄러울 괴	倂 나란히 병
施 베풀 시	俱 함께 구	非 아닐 비

【語句】

• 사기(舍己) : 자기를 희생함.
• 처기의(處其疑) : 의심을 두다.
• 책기보(責其報) : 그것 갚기를 책임지우다.

【對譯】

자신을 희생하기로 했으면 의심하지 마라. 하면서 의심하면 희생하는 뜻에 부끄러움이 많게 된다. 남에게 베풀거든 갚기를 바라지 마라. 갚기를 책임지우면 베푼 마음을 모두 그르치게 된다.

【大意】
남을 위하여 어떤 좋은 일을 베풀려면 그에 대한 보답을 바라지 말아야 한다. 보답을 바라는 속셈이 있다면 그 베풀겠다는 마음까지도 더러운 것이 되고 말 것이다.

90

天(천)이 薄我以福(박아이복)이어든 吾(오)는 厚吾德(후오덕)以迓之(이아지)하고 天(천)이 勞我以形(노아이형)이어든 吾(오)는 逸吾心以補之(일오심이보지)하여 天(천)이 阨(액)我以遇(아이우)어든 吾(오)는 亨吾道以通之(형오도이통지)하면 天且我(천차아)에 奈何哉(내하재)리요?

【訓音】
迓 맞을 아　　逸 편안할 일　　阨 막힐 액
亨 형통할 형　　奈 어찌 내

【語句】
• 박아이복(薄我以福) : 나에게 복을 박하게 내리다.
• 노아이형(勞我以形) : 내 몸을 수고롭게 함.

• 액아이우(阨我以遇) : 나에게 다가오는 것이 액운이다.

【對譯】
하늘이 나에게 복을 적게 주면 나는 내 덕을 후하게 하여 이를 맞고, 하늘이 내 몸을 수고롭게 하면 나는 내 뜻을 편안하게 가져 그것을 보충할 것이며, 하늘이 나에게 주는 것이 액운이라면 나는 나의 도를 형통(亨通)시켜 이를 트이게 하리니, 하늘이 나를 어떻게 하겠는가?

【大意】
하늘이 나에게 복을 적게 주고 또한 내 육신을 괴롭힌다면, 나는 한껏 내 마음을 즐겁게 하여 그 고통을 누그러지게 하리라. 하늘이 나를 돌보지 않고 불우한 환경을 내려 준다면, 나는 끝까지 내 의사를 관철시키리라. 이렇게 하면 하늘이 아무리 모질다 한들 나에게 어찌하겠는가. 더 이상 괴로움을 주지 않을 것이다.

91

貞士(정사)는 無心徼福(무심요복)이라. 天卽就無心處(천즉취무심처)하여 牖其衷(유기충)하고 憸人(험인)은 著衣避禍(착의피화)라 天卽就著意中(천즉취착의중)하여 奪其魄(탈기백)하니 可見天之機權(가견천지기권)이 最神(최신)이라 人之智巧(인지지교)가 何益(하익)이리요?

【訓音】

徼 구할 요　　牖 인도할 유　　憸 간사할 험
奪 빼앗을 탈　　智 지혜 지

【語句】

• 요복(徼福) : 복을 구하다.
• 험인(憸人) : 간사한 사람.
• 지교(智巧) : 잔꾀

【對譯】

지조가 곧은 선비는 복을 구하는 마음이 없어서 하늘이 그 마음 쓰지 않은 곳에 나아가 그 마음을 인도하고, 간사한 사람은 화를 피하는 데 마음을 써서 하늘이 그 마음을 쓰는 데 나아가 그 넋을 빼앗는다.

하늘의 권능이 아주 신묘함을 보게 되니 사람의 잔꾀가 무슨 도움이 되겠는가?

【大意】
지조 있는 선비는 구태여 행복을 바라는 마음이 없기 때문에 그런 사람에게 복을 주고, 반면에 욕심이 많은 사람에게는 재앙을 내려서 하늘의 위엄을 보여준다.

92

聲妓(성기)도 晩景從良(만경종량)하면 一世之胭花無碍(일세지연화무애)하고 貞婦(정부)도 白頭失守(백두실수)하면 半生之淸苦俱非(반생지청고구비)라. 語云(어운)하되 看人(간인)엔 只看後半截(지간후반절)하라 하니 眞名言也(진명언야)라.

【訓音】
妓 기생 기　　從 따를 종　　碍 꺼릴 애
看 볼 간　　截 끊을 절

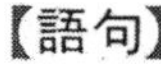

【語句】

- 만경(晩景) : 노인 시절.
- 연화(胭花) : 분과 연지를 바르는 것.
- 무애(無碍) : 막힘이 없다.

【對譯】

기생도 만년에 남편을 만나면 평생의 음란함이 꺼릴 것이 없고, 정절이 있는 부인도 늘그막에 정조를 잃으면 반평생 동안 지키던 청고함이 모두 헛되게 된다. 옛말에 이르기를 '사람을 볼 때는 단지 그 사람의 후반만 보라.' 하였으니, 참으로 명언이라 하겠다.

【大意】

'사람의 참다운 평가는 그 사람이 관 속에 들어간 뒤에라야 할 수 있다.'고 하였는데, 참으로 명언이다. 사람은 늙어서 끝마무리가 중요하다는 것을 말한 것이다.

93

평민 긍종덕시혜 변시무
平民도 肯種德施惠하면 便是無
위적공상 사부 도탐권시
位的公相이요 士夫도 徒貪權市
총 경성유작적걸인
寵하면 竟成有爵的乞人이라.

【訓音】

肯 즐길 긍　　徒 한갓 도　　寵 사랑할 총
爵 벼슬 작

【語句】

• 종덕(種德) : 덕을 심다.
• 시혜(施惠) : 은혜를 베풂.
• 시총(市寵) : 은총을 사는 것.

【對譯】

평범한 백성이라도 즐겨 덕을 심고 은혜를 베풀면 이는 지위 없는 공경(公卿) · 재상(宰相)이요, 사대부도 한갓 권세를 탐내고 은총을 사기에 힘쓰면 마침내 작위 있는 걸인이 되고 만다.

【大意】

이 세상에는 신분은 높고 마음은 텅 비어 있는 허울

좋은 신사가 많다. 상류층 인사랍시고 권력이나 이권을 탐낸다면 신분은 높을지언정 거지밖에 더 될 것이 없다. 평소 천대를 받던 사람이라도 은혜를 베푼다면 높은 관직은 없을망정 참되고 고귀한 인간이다.

94

問祖宗之德澤(문조종지덕택)하면 吾身所享者(오신소향자)가 是(시)니 當念其積累之難(당념기적루지난)하고 問子孫之福祉(문자손지복지)하면 吾身所貽者(오신소이자)가 是(시)니 要思其傾覆之易(요사기경복지이)니라.

【訓音】

宗 마루 종　享 누릴 향　累 더할 루
貽 남길 이　傾 기울 경　易 쉬울 이

【語句】

- 조종(祖宗) : 조상
- 복지(福祉) : 복이 쌓이는 것.

【對譯】

조상의 덕택이 무엇이냐고 묻는다면 내 자신 누리고 있는 것이 그것이니, 마땅히 쌓아 올리기 어려움을 생각해야 하고, 자손의 복이 무엇이냐고 묻는다면 내 자신이 남겨 준 것이 이것이니, 모름지기 기울고 넘어지기 쉬움을 생각해야 한다.

【大意】

현재 우리들이 잘살 수 있는 것은 오로지 조상님들의 덕택이니, 조상들의 노고에 깊이 감사할 뿐이다. 우리들이 이처럼 고생하는 것은 자손들이 길이 행복하게 살 수 있도록 하기 위함이니 가운이 쇠퇴하지 않도록 노력해야 한다.

95

> 君子而詐善(군자이사선)은 無異小人之肆惡(무이소인지사악)이요 君子而改節(군자이개절)은 不及小人之自新(불급소인지자신)이라.

【訓音】

詐 거짓 사　　肆 방자할 사　　及 미칠 급

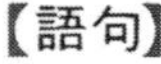

【語句】

• 무이(無異) : 다름이 없다.
• 사악(肆惡) : 악을 제멋대로 행함.
• 자신(自新) : 잘못을 뉘우치고 새롭게 태어남.

【對譯】

군자로서 위선(僞善)을 한다면 소인이 악을 멋대로 행하는 것과 다름이 없고, 군자로서 절개를 고치는 것은 소인이 스스로 잘못을 고쳐 새롭게 되는 것만 못하다.

【大意】

평소 존경을 받아온 사람이 잘못을 저질렀다면 그 죄가 더욱 큰 것이다. 군자가 그 지조를 바꾸게 된다면 그것은 소인이 스스로의 잘못을 뉘우치는 것만도 못한 것이다.

96

가인유과 불의폭노 불의
家人有過어든 不宜暴怒하고 不宜
경기 차사난언 차타사은
輕棄라. 此事難言이어든 借他事隱
풍지 금일불오 사내일재
諷之하되 今日不悟어든 俟來日再
경 여춘풍해동 여화기소
警하고 如春風解凍하며 如和氣消
빙 재시가정적형범
氷하면 纔是家庭的型範이라.

【訓音】

棄 버릴 기　　借 빌 차　　諷 풍자할 풍
悟 깨달을 오　　俟 기다릴 사　　消 녹일 소
型 틀 형

【語句】

• 폭노(暴怒) : 사납게 성냄.
• 경기(輕棄) : 가볍게 버림.

【對譯】

집안 식구에게 허물이 있으면 사납게 화를 내어도 마땅치 않으며, 가벼이 버려서도 안 된다. 그 일을 바로 들어 말하기 어렵거든 다른 일을 빌려 은연중에 일깨워 주고, 오늘 깨닫지 못하거든 내일을 기다려 다시 깨우쳐 주어서 마치 바람이 얼어붙은 것을 녹이고, 따뜻한 기운이 얼음을 녹이듯이 하는 것이 가정의 전형적인 규범이다.

【大意】

집안 사람이 비행이 있으면 너무 성내어 꾸짖어도 안 되고, 가벼이 보아 내버려 두어서도 안 된다. 말하기 어려운 일일 때는 다른 예를 들어 넌지시 타일러야 한다. 그래도 깨닫지 못하거든 다음날 다시 한 번 주의를 시켜라. 마치 봄바람이 언 땅을 조금씩 녹이듯, 훈훈한 화기가 얼음을 녹이듯이 말이다. 이러한 가정의 분위기야말로 바람직스러운 것이다.

97

차심 상간득원만 천하
此心이 常看得圓滿하면 天下에
자무결함지세계 차심 상방
自無缺陷之世界요, 此心이 常放
득관평 천하 자무험측지
得寬平하면 天下에 自無險側之
인정
人情이라.

【訓音】

缺 이지러질 결　　陷 빠질 함　　寬 너그러울 관
險 험난할 험

【語句】

- 험측(險側) : 험하고 흉측함.
- 관평(寬平) : 관대하고 평화로움.

【對譯】

자신의 마음이 항상 원만하면 천하는 스스로 결함 없는 세계가 될 것이요, 내 마음이 항상 너그럽고 평화스러우면 천하에 스스로 사나운 인정이 없게 될 것이다.

【大意】

자기의 본심을 살펴보아 편안한 마음으로 세상을 산 사람은 천하가 모두 원만하여 결함이란 있을 수 없다. 이 세상을 즐겁게 사느냐 괴롭게 사느냐는 모두 그 사람의 마음과 수양 여하에 달려 있다는 뜻이다.

98

담박지사 필위농염자소의
澹泊之士는 必爲濃艶者所疑요
검칙지인 다위방사자소기
檢飭之人은 多爲放肆者所忌니
군자처차 고불가소변기조리
君子處此에 固不可少變其操履
역불가태로기봉망
하고 亦不可太露其鋒芒이라.

【訓音】

忌 거리낄 기　　鋒 칼날 봉　　履 밟을 리
芒 가스랑이 망

【語句】

• 검칙(檢飭) : 행실을 단속함.
• 조리(操履) : 지조와 행실.
• 봉망(鋒芒) : 칼날과 가스랑이.

【對譯】

담박하게 사는 선비는 반드시 화려하게 사는 사람에게 미움을 받게 되고, 자신을 단속하며 사는 사람은 흔히 제멋대로 생활하는 사람에게 거리낌을 받으니, 군자는 이런 경우에 조금이라도 지조와 행실을 변화시켜서는 안 되며, 역시 그 날카로움을 너무 드러내어서도 안 된다.

【大意】

솔직담백한 사람은 화사한 사람으로부터 의심을 받기 쉬우며, 엄격한 사람은 방자한 사람들의 꺼리는 바가 되기 쉽다. 그렇다고 해서 군자가 그 생활태도를 바꿔서도 안 된다. 즉 담박함과 엄격함은 지키되 지나치게 그것을 강조해서는 안 된다. 반대하는 사람과의 정면 충돌을 피하면서 자신의 바른 지조를 지켜야 한다.

99

거역경중 주신 개침폄약
居逆境中이면 周身이 皆鍼砭藥
석 지절려행이불각 처순
石이라 砥節礪行而不覺하고 處順
경내 안전 진병인과모 소
境內면 眼前이 盡兵刃戈矛라 銷
고미골이부지
膏靡骨而不知니라.

【訓音】

砥 숫돌 지　　礪 갈 려　　刃 칼날 인

戈 창 과　　矛 창 모　　靡 없을 미

【語句】

• 침폄(鍼砭) : 쇠로 만든 침과 돌로 만든 침.
• 지절(砥節) : 갈고 다듬는 것.
• 여행(礪行) : 행실을 가다듬음.
• 병인(兵刃) : 칼
• 과모(戈矛) : 창
• 소고(銷膏) : 살을 녹임.
• 미골(靡骨) : 뼈를 깎음.

【對譯】

역경에 처했을 때에는 몸의 주변이 모두 침과 약이어서 절개를 갈고 행실이 닦여도 깨닫지 못할 뿐이고, 순탄한 환경에 처했을 때에는 눈앞에 있는 것이 모두 칼과 창이어서 살을 녹이고 뼈가 깎여도 알지 못하느니라.

【大意】

곤란한 환경에 처해 있을 때 참다운 인생을 공부하는 것이다. 그 반면에 좋은 환경에 처하면 마음이 해이해지고 타락하기 쉽다. 주위에 있는 모든 기쁨이 자신도 알지 못하는 사이에 자신을 망치는 칼과 창이 되어 버린다.

100

생장부귀총중적 기욕 여맹
生長富貴叢中的은 嗜欲이 如猛
화 권세 사열염 약부대
火하고 權勢가 似烈焰하니 若不帶
사청랭기미 기화염 부지
些清冷氣味하면 其火焰이 不至
분인 필장자삭의
焚人이나 必將自爍矣니라.

【訓音】

叢 모을 총　　嗜 좋아할 기　　焰 불꽃 염
些 조금 사　　焚 태울 분　　爍 녹일 삭

【語句】

• 총중(叢中) : 모여 있는 곳.
• 기욕(嗜欲) : 욕심
• 열염(烈焰) : 사나운 불꽃.

【對譯】

부귀한 환경에서 성장한 사람은 욕심이 거세게 타는 불과 같고, 권세가 사나운 불꽃 같아서, 만약 조금의 맑고 차가운 기운과 맛을 띠지 않으면 그 불꽃이 남을 태우는 지경에 이르지는 않으나 반드시 자신을 태워 녹이고 말 것이다.

【大意】

부귀한 집에서 태어난 사람은 보고 듣는 것이 안일과 탐욕뿐으로 그 욕심이 사나운 불꽃 같고, 권세에 집착하는 열정은 성난 불꽃 같다. 만약에 냉철한 이성과 물욕에 초연한 판단으로 그 욕심을 진정시키지 않는다면, 그 불꽃이 남을 태우는 지경에까지는 미치지 않는다 하더라도 마침내는 자기를 불살라 버리고 말 것이다.

101

인 심 일 진　변 상 가 비　성 가
人心一眞하면 便霜可飛하고 城可
운　금 석 가 관　약 위 망 지 인
隕하며 金石可貫이나 若僞妄之人
형 해 도 구　진 재 이 망　대
은 形骸徒具나 眞宰已亡이라. 對
인 즉 면 목　가 증　독 거 즉 형
人則面目이 可憎하고 獨居則形
영 자 괴
影自媿니라.

【訓音】

隕 무너질 운　貫 꿰뚫을 관　骸 뼈 해

宰 재상 재　媿 부끄러울 괴

【語句】

• 변상가비(便霜可飛) : 문득 서리를 내리게 한다.
• 성가운(城可隕) : 성곽도 무너뜨릴 수 있다.

【對譯】

사람의 마음이 한결같이 참되면 문득 서리를 내리게 할 수 있고, 성곽을 무너뜨릴 수도 있으며, 쇠붙이와 바위도 꿰뚫을 수가 있다. 그러나 거짓되고 망령된 사람은 형체만 헛되이 갖추고 있을 뿐 참된 마음이 없어져서 사람을 대하면 그 얼굴이 가증스럽고, 홀로 있으면 그 그림자도 스스로 부끄러워한다.

【大意】

사람의 진심에서 나오는 일념(一念)은 천지신명도 감동케 한다. 그러나 겉만 멀쩡하게 꾸민 위선적인 인간은 형체만 갖추어져 있을 뿐 정신적 순수함이 없으므로 하늘을 감동시키기는커녕 사람을 만나도 미울 뿐이고, 홀로 있을 때도 제 모습, 제 그림자마저도 부끄러운 것이다. 그러니 진실이 얼마나 값진 것인가.

102

文章(문장)이 做到極處(주도극처)하면 無有他奇(무유타기)요
只是恰好(지시흡호)며 人品(인품)이 做到極處(주도극처)하면
無有他異(무유타이)요 只是本然(지시본연)이라.

【訓音】

做 지을 주　　極 지극할 극　　恰 맞을 흡
異 다를 이

【語句】

- 흡호(恰好) : 알맞게 좋음.
- 본연(本然) : 타고난 그대로의 모습.

【對譯】

문장이 극치에 이르면 별다른 기묘함이 있는 것이 아니라 단지 잘 어울리게 되고, 인물이 극치에 도달하면 별달리 기이함이 있는 것이 아니라 단지 본연의 모습이 될 뿐이다.

【大意】

문장을 공부하여 그 궁극에 도달한다 하더라도 특별히 기이할 것이 없음을 알 것이다. 다만 거기에 어울

림이 있을 뿐이다. 인품을 수양하여 그 궁극에 이르러도 이상함이 없을 것이다. 다만 본연의 모습 그대로가 최고의 경지이기 때문이다.

103

以幻迹言하면 無論功名富貴하고 卽肢體도 亦屬委形이요 以眞境言하면 無論父母兄弟하고 卽萬物이 皆吾一體니 人能看得破하고 認得眞하면 纔可任天下之負擔하고 亦可脫世間之韁鎖니라.

【訓音】

幻 허깨비 환　　迹 자취 적　　肢 팔다리 지
委 맡길 위　　韁 고삐 강

【語句】

• 진경(眞境) : 현실의 경지.
• 부담(負擔) : 지워진 짐.

• 강쇄(韁鎖) : 고삐와 사슬.

【對譯】
환상의 형적(形迹)을 갖고 말하면 부귀와 공명은 논할 것도 없고, 신체 역시 빌린 형체에 속하며, 참다운 경지를 가지고 말하면 부모와 형제는 물론 만물이 다 나와 한몸이다. 사람이 이런 것을 간파하고 진경을 터득해야 겨우 천하의 짐을 맡을 수가 있고, 속박에서도 벗어날 수가 있다.

【大意】
이 세상을 환적이란 면에서 말하면 부귀공명은 물론 이 육체도 천지로부터 잠시 위탁된 거짓 형체에 불과하다. 그러나 이 세상을 진경의 면에서 말하면 부모 형제는 말할 것 없고 초목토석에 이르기까지 모두가 나와 일체(一體)인 것이다. 이러한 이치를 완전히 간파 체득하면 비로소 천하의 대임을 맡을 수 있을 것이며, 동시에 명망이나 이욕의 구속으로부터 초연히 벗어나 자유자재의 경지에서 유유자적할 수 있을 것이다.

104

爽口之味(상구지미)는 皆爛腸腐骨之藥(개난장부골지약)이니 五分(오분)이면 便無殃(변무앙)이요 快心之事(쾌심지사)는 悉敗身喪德之媒(실패신상덕지매)니 五分(오분)이면 便無悔(변무회)니라.

【訓音】

爽 시원할 상　　爛 썩을 란　　悉 다 실

媒 중매할 매　　悔 뉘우칠 회

【語句】

• 패신(敗身) : 몸을 망침.
• 상덕(喪德) : 덕을 해침.

【對譯】

입을 시원하게 하는 음식은 모두 창자를 썩게 하고 뼈를 상하게 하는 독약이니 반쯤만 먹으면 아무 탈이 없을 것이요, 마음에 유쾌한 일은 모두 몸을 망치고 덕을 잃게 하는 매개체이니 반쯤에서 그쳐야 곧 후회가 없다.

【大意】

맛있는 음식은 과식하기 쉽다. 그리되면 병들게 하고 뼈를 썩게 하는 독약과 마찬가지이다. 적당히 절제하지 않으면 버릇이 되어 몸을 망치고 덕을 잃게 되어 결국은 파멸의 길로 들어서게 된다.

105

> 不責人小過(불책인소과)하고 不發人陰私(불발인음사)하며 不念人舊惡(불념인구악)하라. 三者(삼자)는 可以養德(가이양덕)하고 亦可以遠害(역가이원해)니라.

【訓音】

陰 그늘 음　　念 생각 념　　養 기를 양
害 해칠 해

【語句】

- 불발(不發) : 드러내지 않는다.
- 음사(陰私) : 사사로운 비밀.
- 양덕(養德) : 덕을 기름.

【對譯】
다른 사람의 작은 허물을 꾸짖지 말고, 다른 사람의 비밀을 들추어 내지 말며, 남의 지난날 잘못을 마음에 새겨 두지 마라. 이 세 가지를 실천하면 덕을 기를 수 있고 또 해를 멀리할 수 있다.

【大意】
사람은 모름지기 자신을 용서하는 마음으로 남을 용서하고, 남을 꾸짖는 마음으로 자신을 꾸짖는 아량을 가져야 한다. 이러한 마음의 자세가 덕의 근본이 되는 것이다.

106

士君子는 持身을 不可輕이니 輕則
物能撓我하며 而無悠閒鎭定之
趣요 用意를 不可重이니 重則我
爲物泥하여 而無瀟洒活潑之機라.

【訓音】
撓 흔들 요　　泥 진흙 니　　瀟 물이름 소

洒 닦을 쇄　　　潑 활발할 발

【語句】

• 유한(悠閒) : 유유하고 한가로움.
• 소쇄(瀟洒) : 시원함.

【對譯】

선비와 군자는 몸가짐을 경솔히 해서는 안 된다. 몸가짐을 경솔하게 하면 사물이 나를 흔들어 유한(悠閒)하고 진정(鎭定)된 맛이 없어진다. 마음씀을 너무 무겁게 해서는 안 되니, 무거우면 내가 남에게 구속을 당하여 시원하고 활발한 기틀이 없게 된다.

【大意】

몸가짐을 경솔히 하게 되면 외부로부터의 유혹이나 타협에 동요되어 안정하고 유한한 맛이 없어진다. 그렇다고 해서 뜻을 쓰는 데 너무 무거워서는 안 된다. 너무 무겁게 하면 그 뜻에 사로잡혀 신선하고 활달한 맛을 잃게 된다.

天地는 有萬古나 此身은 不再得이요 人生은 只百年이나 此日은 最易過라. 幸生其間者는 不可不知有生之樂하고 亦不可不懷虛生之憂라.

【訓音】

易 쉬울 이　　懷 품을 회　　虛 빌 허
憂 근심 우

【語句】

• 부재득(不再得) : 다시 얻지 못함.
• 불가불(不可不) : 하지 않을 수 없음.
• 유생지락(有生之樂) : 살아 있다는 데에 대한 즐거움.
• 허생지우(虛生之憂) : 헛되이 사는 데 대한 근심.

【對譯】

천지는 만고토록 있지만 이 몸은 다시 태어날 수 없고, 인생은 겨우 백 년뿐인데 오늘은 아주 빨리 지나간다. 다행히 그 사이에 살고 있는 자는 살아 있다는 즐거움을 알지 못해서는 안 될 것이요, 또 허송하며 사는 걱정을 품지 않아서도 안 된다.

【大意】
백 년밖에 안 되는 인생이고, 세월이란 눈 깜짝할 사이에 흘러가 버린다. 이처럼 바쁜 세월 속에서나마 태어나 살고 있으니 얼마나 귀한 것인가. 우리는 이 즐거움을 알아야 할 것이며, 이 한평생을 결코 허무한 인생이 되지 않도록 마음속에 새겨 두어야 할 것이다.

108

怨因德彰(원인덕창)이라. 故(고)로 使人德我(사인덕아)로는 不若德怨之兩忘(불약덕원지양망)이요 仇因恩立(구인은립)이라. 故(고)로 使人知恩(사인지은)으로 不若恩仇之俱泯(불약은구지구민)이라.

【訓音】
彰 드러날 창　仇 원수 구　俱 함께 구

泯 없어질 민

【語句】

• 원인덕창(怨因德彰) : 원한은 덕 때문에 드러난다.
• 사인덕아(使人德我) : 남으로 하여금 나의 은덕을 느끼게 함.
• 은구지구민(恩仇之俱泯) : 은혜와 원수를 함께 마음에서 지우는 것.

【對譯】

원망은 덕으로 인하여 드러난다. 그러므로 남으로 하여금 나를 은덕스럽게 여기게 하는 것은 덕과 은혜 모두를 잊게 하는 것만 못하고, 또한 원수는 은혜로 인하여 생긴다. 그러므로 남이 나의 은혜를 알게 하는 것은 은혜와 원수를 모두 없애 버리게 함만 못하다.

【大意】

사람들이 나를 덕 있는 사람이라고 고맙게 생각하게 하느니보다는 덕망과 원한 두 가지를 다 잊어버리게 하는 것이 최상의 길이요, 다른 사람이 나를 은혜로운 사람이라고 고맙게 여기게 하기보다는 은혜와 원수를 다 없애는 것이 최상의 방도이다.

109

노래질병　　도시장시초적
老來疾病은 都是壯時招的이요
쇠후죄얼　　도시성시작적
衰後罪孼은 都是盛時作的이라.
고　지영이만　군자우긍긍언
故로 持盈履滿을 君子尤兢兢焉이라.

【訓音】

孼 재앙 얼　　　兢 조심할 긍

【語句】

• 도시(都是) : 모두 ……이다.
• 죄얼(罪孼) : 저지른 죄에 따른 재앙.

【對譯】

늘그막의 질병은 모두가 젊었을 때에 불러들인 것이요, 쇠퇴한 후의 재앙은 모두가 번성했을 때에 지은 것이다. 그러므로 성하고 가득 찬 것을 지니고 누릴 때 더욱 조심해야 한다.

【大意】

사양길의 재난은 절정기의 극성스러움에서 연유하는

것이다. 그러므로 군자는 기운이 왕성할 때 내일의 불행을 더욱 조심해야 한다.

110

市私恩은 不如扶公議요 結新知는 不如敦舊好며 立榮名은 不如種隱德이요 尙奇節은 不如謹庸行이라.

【訓音】

扶 도울 부　　敦 돈독할 돈　　謹 삼갈 근
庸 쓸 용

【語句】

• 영명(榮名) : 영예로운 명성.
• 은덕(隱德) : 숨은 덕.
• 용행(庸行) : 보통 행실.

【對譯】

사사로운 은혜를 파는 것은 공적인 의논을 붙드는

것만 못하고, 새로운 친구를 사귀는 것은 옛친구와 우의를 돈독히 하는 것만 못하다. 영예로운 이름을 얻는 것은 몰래 덕을 심는 것만 못하고, 특이한 절개를 숭상하는 것은 예사로운 행실을 삼가는 것만 못하다.

【大意】
떠들썩한 명성을 떨치려고 애쓰는 것보다 조용히 남이 알지 못하도록 베푸는 덕이 보다 바람직하다. 은덕 가운데에서도 음덕(陰德)이야말로 최고의 덕이기 때문이다. 뛰어난 공을 세우려고 하지 말고 일상의 행동에 과실이 없도록 행동을 조심하는 것이 좋다.

111

공평정론 불가범수 일범즉
公平正論은 不可犯手니 一犯則
이수만세 권문사두 불가
貽羞萬世하고 權門私竇는 不可
착각 일착즉점오종신
著脚이니 一著則點汚終身이라.

【訓音】
貽 끼칠 이 羞 부끄러울 수 竇 구멍 두
著 붙일 착 汚 더러울 오

【語句】

• 이수만세(貽羞萬世) : 만세토록 부끄러움을 남긴다.

• 권문사두(權門私竇) : 권세 있는 집안의 사사로운 소굴.

【對譯】

공평하고 올바른 의논에는 반대하지 말아야 하니, 한번 반대하면 만세토록 부끄러움을 끼친다. 권세 있는 사람의 사사로운 소굴에는 발을 들여놓지 마라. 한번 발을 들여놓으면 평생 동안 몸을 더럽힌다.

【大意】

합리적인 의논을 반대해서는 안 된다. 또 권문세가나 사리를 목적으로 하는 소굴에는 절대로 발을 들여놓지 마라. 어쩌다 한번 발을 들여놓았다간 한평생의 오점이 될 것이다.

112

곡 의 이 사 인 희　불 약 직 궁 이 사
曲意而使人喜는 不若直躬而使
인 기　무 선 이 치 인 예　불 약
人忌하고 無善而致人譽는 不若
무 악 이 치 인 훼
無惡而致人毁니라.

【訓音】

喜 기쁠 희　　致 이를 치　　譽 기릴 예
毁 헐뜯을 훼

【語句】

• 불약(不若) : ……만 못하다.
• 직궁(直躬) : 몸을 바르게 하다.
• 인예(人譽) : 남의 칭찬.
• 인훼(人毁) : 남의 비난.

【對譯】

자신의 뜻을 굽혀서 남을 기쁘게 하는 것은 자신을 바르게 하여 남들이 꺼리게 하는 것만 못하고, 선한 일도 한 것 없이 남들의 칭찬을 받는 것은 악한 일을 하지 않고 남에게서 헐뜯음을 받는 것만 못하다.

【大意】

아무런 좋은 일을 행함도 없이 남의 칭찬을 받는 것보다는 차라리 아무런 나쁜 일도 하지 않으면서 남의 미움을 사는 편이 훨씬 낫다. 소인배의 칭찬보다는 소인의 마음이 차라리 좋고, 칭찬받기 위한 명예보다는 차라리 아무것도 하지 않고 비난을 받는 것이 약이 된다는 뜻이다.

113

처부형골육지변 의종용
處父兄骨肉之變하면 宜從容하고
불의격렬 우붕우교유지실
不宜激烈하며 遇朋友交遊之失하
의개절 불의우유
면 宜剴切하고 不宜優游니라.

【訓音】

宜 마땅할 의　　遇 만날 우　　朋 벗 붕
剴 간절할 개

【語句】

• 골육(骨肉) : 살붙이
• 붕우(朋友) : 친구
• 개절(剴切) : 간절하다.

• 우유(優遊) : 우물쭈물하다.

【對譯】
부모나 형제 같은 골육이 변을 당하였을 때는 조용히 해야지 격렬하게 해서는 안 되며, 친구간의 우정에 잘못이 있는 것을 보았거든 간절하게 충고해야지 우물쭈물해서는 안 된다.

【大意】
친구라든지 평소 교제를 하던 사람이 어떤 과실을 범했을 때는 성심을 다하여 충고를 함으로써 다시는 범하지 않도록 해야 할 것이요, 그 과실을 덮어 두거나 용납한다면 진정한 친구라 할 수 없다.

114

小處(소처)에 不滲漏(불삼루)하고 暗中(암중)에 不欺隱(불기은)하며 末路(말로)에 不怠荒(불태황)하면 纔是個(재시개) 眞正英雄(진정영웅)이라.

【訓音】
滲 샐 삼　　漏 샐 루　　欺 속일 기

怠 게으를 태　　荒 거칠 황　　英 꽃뿌리 영
雄 수컷 웅

【語句】

• 삼루(滲漏) : 물이 새다.
• 기은(欺隱) : 속이다.
• 태황(怠荒) : 게으르고 방종함.

【對譯】

작은 일에도 물샐 틈이 없고, 어두운 곳에서 자신을 속이지 않으며, 끝에 가서도 게으르지 않는다면 이야말로 참다운 영웅이라 할 것이다.

【大意】

하늘을 우러러 한 점의 부끄러움이 없고, 땅을 굽어보아 거리낌이 없으며, 실의에 처한다 해서 상심하거나 자포자기하지 않는 사람이야말로 참다운 영웅이라 할 만하다.

115

천금　　난결일시지환　　　일반
千金도 難結一時之歡이요 一飯도
경치종신감　　　개애중반위구
竟致終身感이니 蓋愛重反爲仇요
박극번성희야
薄極翻成喜也라.

【訓音】

歡 기쁠 환　　竟 마침내 경　　翻 번득일 번
喜 기쁠 희

【語句】

• 애중(愛重) : 사랑이 지나친 것.
• 박극(薄極) : 박대함이 극에 이름.

【對譯】

천금(千金)으로도 한때의 환심을 사기가 어려우나, 한 끼의 밥으로도 평생토록 감사함을 느끼게 한다. 대개 사랑이 지나치면 도리어 원수가 되기 쉽고, 박대가 심하면 도리어 기쁨이 되기도 한다.

【大意】

조그만 친절도 한평생 그 은혜에 감격하게 하는 수도 있다. 남보다 더 사랑해 주면 그만큼 고맙게 대해 줄 것 같지만 도리어 불만을 품는 사람이 있는가 하면, 아주 적은 것을 주고도 그것이 긴요할 때에 주면 도리어 큰 기쁨이 되는 경우도 있다. 많은 돈이나 물질보다는 필요할 때 진심으로 도와 주는 편이 낫다는 말이다.

116

장교어졸 용회이명 우청
藏巧於拙하고 **用晦而明**하며 **寓淸**
우탁 이굴위신 진섭세지
于濁하고 **以屈爲伸**하면 **眞涉世之**
일호 장신지삼굴야
一壺요 **藏身之三窟也**라.

【訓音】

拙 못날 졸　　晦 어두울 회　　寓 붙일 우
屈 굽힐 굴　　伸 펼 신　　涉 건널 섭
壺 호리병 호

【語句】

- 일호(一壺) : 한 개의 병. 방편.
- 삼굴(三窟) : 세 개의 굴. 은신처.

【對譯】

교묘한 재능은 못난 듯이 감추고, 어둠을 이용하여 밝게 하며, 맑음은 혼탁한 데 붙이고, 굽힘으로써 펴는 방도를 삼으면, 참으로 세상을 살아가는 데 한 방편이 될 것이요, 몸을 감추는 은신처가 된다.

【大意】

재능이 있으면서도 고의적으로 어둡게 해 남의 눈에 드러나지 않도록 하는 것이 좋다. 또 자기에게 비록 청백한 절개가 있더라도 세상의 탁류 속에 섞여 세상 사람과 함께 나아가는 것이 좋고, 실제로는 똑똑하면서도 중인의 뒤에서 어리석은 체 움츠리고 있으면 그것이 후일 한껏 펼 수 있는 근원이 되는 것이다.

117

衰颯的景象은 就在盛滿中하고 發生的機緘은 卽在零落內라. 故로 君子는 居安엔 宜操一心以慮患하고 處變엔 當堅百忍以圖成이라.

쇠삽적경상은 취재성만중하고 발생적기함은 즉재영락내라. 고로 군자는 거안엔 의조일심이려환하고 처변엔 당견백인이도성이라.

【訓音】

颯 바람소리 삽　緘 봉할 함　零 떨어질 령
患 근심 환　圖 꾀할 도

【語句】

• 쇠삽(衰颯) : 쇠잔하고 소슬함.
• 기함(機緘) : 움직임.
• 여환(慮患) : 환난을 걱정함.

【對譯】

쓸쓸한 모습은 번성한 가운데 있고, 피어나는 움직임은 바로 시들어 떨어지는 가운데 있다. 그러므로 군자는 편안하게 있을 때는 한결같은 마음으로 환난을 염려하고, 변란을 당해서는 마땅히 굳게 백 번 참으면서 성공하기를 도모해야 한다.

【大意】
오늘의 왕성함 속에 내일의 영락이 깃들여 있고, 오늘의 영락 속에 내일의 왕성함이 깃들여 있다. 이러한 이치를 알고 지각 있는 사람은 순경에 있을 때일수록 더욱 조심하여 만일의 환난에 대비하고, 곤경에 처했을 때일수록 참고 견디어 최후의 성공을 도모해야 한다.

118

경기희이자　무원대지식
驚奇喜異者는 **無遠大之識**하고
고절행자　비항구조
苦節行者는 **非恒久操**니라.

【訓音】
奇 이상할 기　　識 알 식　　恒 항상 항
久 오랠 구

【語句】
• 고절(苦節) : 괴롭게 지키는 절개.
• 독행(獨行) : 홀로 행동하는 것.
• 항구(恒久) : 영원

【對譯】

기이한 것에 경탄하고 별난 것을 좋아하는 자는 원대한 식견이 없고, 괴로운 가운데 절개를 지키고 홀로 자기 길만을 걷는 자는 항구적인 지조가 아니다.

【大意】

기이한 것과 이상한 것을 좋아하는 사람은 원대한 식견이 없는 사람이다. 완고하게 절의를 지켜 나가는 사람이 있지만 영구히 지켜 나갈 지조는 아닌 것이다. 정상적인 기쁨과 지조란 언제나 평범한 일상 속에 있는 것이어야 한다.

119

當怒火欲水가 正騰沸處하여 明明知得하고 又明明犯著하니 知的是誰며 犯的又是誰오? 此處에 能猛然轉念하면 邪魔便爲眞君矣니라.

【訓音】

騰 오를 등　　沸 끓을 비　　猛 사나울 맹

邪 간사할 사

【語句】

• 등비(騰沸) : 끓어오름.
• 범착(犯著) : 범하는 것.
• 사마(邪魔) : 사악한 악마.

【對譯】

분노의 불길과 욕망의 물결이 들끓는 때를 당하여 분명하게 이를 알고 또 분명하게 이를 범하려 하니, 알려고 하는 것은 누구이며, 범하려고 하는 것은 또 누구인가? 이럴 때에 맹렬히 마음을 돌리면 사악한 악마 같은 마음도 변하여 참다운 본연의 마음이 될 것이다.

【大意】

이성의 작용으로 분노와 욕심을 맹렬히 돌리면 정신을 어지럽히는 사마(邪魔)도 문득 마음의 본체로 바뀌어 이성 본연의 상태로 돌아갈 것이다.

120

무편신이위간소기 무자임
毋偏信而爲奸所欺하고 毋自任
이위기소사 무이기지장이
而爲氣所使하며 毋以己之長而
형인지단 무인기지졸이기
形人之短하고 毋因己之拙而忌
인지능
人之能하라.

【訓音】

偏 치우칠 편　欺 속일 기　拙 못날 졸
忌 꺼릴 기

【語句】

• 편신(偏信) : 치우치게 한쪽만 믿는 것.
• 자임(自任) : 자신이 맡음.
• 형인지단(形人之短) : 남의 단점을 나타냄.
• 기인지능(忌人之能) : 남의 능력을 시기함.

【對譯】

편벽되게 한쪽만 믿어서 간사한 사람에게 속임을 당하지 말고, 자기 힘만을 믿고 마음대로 하여 객기의 부림을 당하지 말며, 자기의 장점으로써 남의 단점을 드러내지 말며, 자신의 서투름으로 인하여 다른 사람의 능력을 시기하지 마라.

【大意】

한쪽 의견만을 편벽되게 받아들여 간사한 사람의 속임수에 넘어가서는 안 된다. 사람에게는 누구나 장단점이 있다. 자기의 장점만을 믿고 남의 단점을 지적하는 일처럼 야비한 행동은 없다. 자신이 어떤 일에 무능하다 하여 남의 유능함을 시기하는 일처럼 옹졸한 인간은 없다.

121

談山林之樂者는 未必眞得山林之趣요 厭名利之談者는 未必盡忘名利之情이라.

(담산림지락자 미필진득산림지취 염명리지담자 미필진망명리지정)

【訓音】

談 말할 담　　樂 즐거울 락　　趣 취미 취

厭 싫어할 염　　盡 다할 진

【語句】

- 산림지락(山林之樂) : 산림에 묻혀 사는 즐거움.
- 명리(名利) : 명예와 이익.

【對譯】

산림의 즐거움을 말하는 자라 하여 반드시 참으로 산림의 멋을 아는 것이 아니요, 명리에 대해 이야기를 싫어하는 자라 하여 반드시 명리의 정을 다 잃어버린 것은 아니다.

【大意】

산림의 즐거움이 어떠하다고 말하는 사람은 진짜 산수의 맛을 모르는 사람이다. 진실의 묘미는 말로써 표현하지 못하는 법이기 때문이다. 명리를 초월했다는 등 큰소리를 치는 사람은 아직도 명리에 대한 미련을 버리지 못한 사람이다. 참으로 초월한 사람이라면 처음부터 명리에 대해 말하지 않을 것이기 때문이다.

122

釣水는 逸事也나 尙持生殺之柄하고 奕棋는 淸戱也나 且動戰爭之心하니 可見喜事는 不如省事之爲適하고 多能은 不若無能之全眞이라.

【訓音】

釣 낚을 조　逸 편안할 일　戱 놀이 희
柄 자루 병　省 줄일 생

【語句】

• 일사(逸事) : 한가한 일.
• 혁기(奕棋) : 바둑
• 생사(省事) : 일을 줄이는 것.
• 전진(全眞) : 참된 본성을 온전히 보존함.

【對譯】

낚시질은 한가한 일이지만 오히려 살리고 죽이는 권리를 잡고 있고, 바둑과 장기는 청한한 놀이지만 전쟁하는 마음을 불러일으키니, 일을 좋아함은 일을 줄여서 한적하게 지내는 것만 못하고, 재능이 많음은 능력이 없어 참된 마음을 온전히 하는 것만 같지 못함을 알 수 있다.

【大意】

낚시질은 즐거운 취미이지만 고기의 운명을 좌우하는 권리를 지니고 있다. 바둑과 장기는 고상한 놀이지만 다투는 마음, 이기려는 마음이 그 안에 움직이고 있다. 일을 좋아함은 일을 덜어 뜻에 알맞게 하는 것만 같지 못하다. 다재다능하여 뜻에 알맞지 않은 일을 많이 하는 것보다는 차라리 아무 재능도 없이 인간답게 전진(全眞)을 지키는 것이 훨씬 좋은 일이다.

123

앵 화 무 이 산 농 곡 염 　 총 시 건 곤
鶯花茂而山濃谷艶은 **總是乾坤**
지 환 경 　 수 목 락 이 석 수 애 고
之幻境이요 **水木落而石瘦崖枯**는
재 견 천 지 진 오
纔見天地眞吾니라.

【訓音】

鶯 꾀꼬리 앵　　茂 무성할 무　　乾 하늘 건

坤 땅 곤　　　瘦 여윌 수　　　崖 낭떠러지 애

【語句】

• 환경(幻境) : 환상의 경지.
• 진오(眞吾) : 참된 자신의 모습.

【對譯】

꾀꼬리가 울고 꽃이 무성하게 핀 아름다운 산골짜기는 모두 하늘과 땅의 거짓된 모습이요, 물이 마르고 나뭇잎이 떨어져서 바위가 앙상하게 드러나고 벼랑이 메마른 모습이야말로 천지의 참된 모습이다.

【大意】

화사함과 번화는 일시적인 가식가태에 불과한 것이다. 우리네 인생도 이와 마찬가지로 권세와 명예는 한낱 가식에 지나지 않는 것이다. 그 권세와 명예가 없어진 뒤에라야 그 사람에 대한 참다운 본모습을 발견할 수 있는 것이다.

124

세월 본장 이망자자촉
歲月은 **本長**이나 **而忙者自促**하고
천지 본관 이비자자애
天地는 **本寬**이나 **而鄙者自隘**하며
풍화설월 본한이로양자자용
風花雪月은 **本閑而勞攘者自冗**

이라.

【訓音】

寬 넓을 관　　鄙 미천할 비　　隘 좁을 애
冗 번거로울 용

【對譯】

세월은 본래 길지만 스스로 짧다 하고, 천지는 본래 넓으나 속된 자들은 스스로 좁다고 하며, 바람과 꽃과 눈과 달은 본래 한가한 것이지만, 일에 바쁜 자들은 스스로 번거롭다고 여긴다.

【大意】

시간을 낭비하지 않는다면 시간은 언제나 넉넉한 것이다. 천지 또한 마찬가지이다. 한없이 넓은 것이 천지이건만, 마음의 여유를 가지지 못한 사람이 좁다고 느낄 뿐이다. 사계절은 한없이 멋있고 한가하지만 부질없이 바쁜 사람은 그 참맛을 모르고 공연히 바쁘기만 한다.

125

득 취 부 재 다　　분 지 권 석 간
得趣不在多하니 盆池拳石間에
연 하 구 족　　회 경 부 재 원　　봉
煙霞具足하며 會景不在遠하니 蓬
창 죽 옥 하　　풍 월 자 사
窓竹屋下에 風月自賖니라.

【訓音】

拳 주먹 권　　蓬 쑥 봉　　屋 지붕 옥
賖 한가할 사

【語句】

• 권석(拳石) : 손으로 잡을 수 있는 작은 돌.
• 회경(會景) : 좋은 경치.
• 봉창(蓬窓) : 쑥대로 엮은 창.
• 죽옥(竹屋) : 대나무로 만든 오두막집.

【對譯】

정취(情趣)를 얻는 것은 많은 것에 있지 않으니 항아리만한 연못과 주먹만한 돌 사이에도 산수의 경치가 갖추어져 있으며, 좋은 경치는 먼 곳에 있지 않고 쑥대로 엮은 창, 오두막집 아래에 바람과 달은 스스로 한가롭다.

【大意】

조그마한 화분 하나, 둘 사이에도 풍정은 얼마든지 있다. 마음에 찰 풍광(風光)은 반드시 먼 곳에 있는 것이 아니다. 대풀로 인 초가삼간에도 풍월과 운치 있는 경치가 있어 주인을 즐겁게 해 준다. 풍정(風情)은 자기 자신의 마음속에 있는 것이지 결코 먼 곳에서 얻을 수 있는 것이 아니다.

126

聽靜夜之鍾聲에 喚醒夢中之夢하고 觀澄潭之月影에 窺見身外之身이라.

(청정야지종성 환성몽중지몽 관징담지월영 규견신외지신)

【訓音】

喚 부를 환　　潭 맑을 담　　影 그림자 영

窺 엿볼 규

【語句】

- 환성(喚醒) : 불러서 깨움.
- 징담(澄潭) : 맑은 못.

【對譯】

고요한 밤에 종소리를 듣고서 꿈속의 꿈을 불러 깨우며, 맑은 못에 비친 달 그림자를 보고서 몸 밖의 몸을 바라본다.

【大意】

고요한 밤 멀리서 들려 오는 은은한 종소리를 듣거든 꿈에서 깨어나 조용히 마음의 창을 열어라. 맑은 물속에 잠겨 있는 달빛을 보거든 우주의 모습을 엿볼지어다. 인간은 소우주인지라 내 몸 안에 우주의 본체가 있음을 깨달아야 천지만상이 모두 자기의 전신임을 알게 될 것이다.

127

조어충성　총시전심지결
鳥語蟲聲이 總是傳心之訣이요
화영초색　무비견도지문
花英草色이 無非見道之文이니
학자　요천기청철　흉차영
學者는 要天機淸徹하여 胸次玲
롱　촉물　개유회심처
瓏하면 觸物에 皆有會心處니라.

【訓音】

訣 비결 결　　玲 찬란할 령　　瓏 환할 롱
觸 부딪칠 촉

【語句】

• 천기(天機) : 본래의 마음.
• 청철(淸徹) : 맑고 밝음.
• 흉차(胸次) : 가슴 속.
• 영롱(玲瓏) : 찬란히 빛남.

【對譯】

새의 지저귐, 풀벌레의 울음소리는 모두가 마음을 전하는 비결이요, 꽃잎과 풀빛도 도(道)를 나타내는 문장이 아닌 것이 없다. 배우는 자는 반드시 본마음을 맑게 하여 가슴을 영롱하게 하면 사물에 부딪힐 때마다 마음에 느끼는 바가 있을 것이다.

【大意】

대도(大道)와 진리(眞理)를 깨닫기 위해서는 마땅히 우리들이 타고난 천연(天然)의 마음을 맑게 해야 한다. 우리들이 타고난 마음은 원래 성자(聖者)나 다름없는 것이지만 생활하는 동안에 물욕에 침식당해 본래의 성(性)을 잃게 된 것이다. 그러므로 가슴속에 한 점의 사념도 없는 성(聖)의 자리로 돌아와야만 보고 듣는 것의 이치를 깨달아 마음에 체득함이 있을 것이다.

128

인 해독유자서 불해독무
人이 **解讀有字書**하고 **不解讀無**
자서 지탄유현금 부지탄
字書하며 **知彈有絃琴**하고 **不知彈**
무현금 이적용 불이신용
無絃琴하며 **以跡用**하고 **不以神用**
하이득금서지취
하니 **何以得琴書之趣**리요?

【訓音】

彈 탄알 탄　　絃 줄 현　　跡 자취 적

【語句】

- 적용(跡用) : 형체를 사용함.

• 신용(神用) : 정신을 사용함.

【對譯】

사람들은 글씨가 있는 책은 읽을 줄 아나 글씨 없는 책은 읽을 줄 모르고, 줄이 있는 거문고는 탈 줄 알지만 줄 없는 거문고는 탈 줄 모른다. 그래서 형체 있는 것만 쓸 줄 알고 정신을 사용할 줄은 모르니, 어찌 거문고와 책의 참맛을 얻을 수 있겠는가?

【大意】

글자 없는 책을 읽을 줄 알고, 줄 없는 거문고를 탈 줄 알아야 바야흐로 마음으로 사물의 참뜻이 무엇인가를 알 수 있을 것이다. 내면인 마음의 세계는 무시하고, 겉에 보이는 형태만 내세우는 본말전도의 세계를 통탄(痛嘆)한 말이다.

129

심 무 물 욕　　　즉 시 추 공 제 해
心無物欲이면 **卽是秋空霽海**요
좌 유 금 서　　변 성 석 실 단 구
坐有琴書면 **便成石室丹丘**니라.

【訓音】

卽 곧 즉　　霽 갤 제　　丹 붉을 단
丘 언덕 구

【語句】

• 제해(霽海) : 맑게 갠 잔잔한 바다.
• 석실(石室) : 신선이 사는 곳.
• 단구(丹丘) : 항상 환히 밝은 언덕.

【對譯】

마음에 물욕이 없으면 이는 곧 가을 하늘과 맑은 바다요, 자리에 거문고와 책이 있으면 신선의 경지를 이룬다.

【大意】

마음이 맑고 잔잔함은 마치 구름 한 점 없이 갠 가을 하늘과 잔잔한 바다와 같아진다. 옆에 거문고와 약간의 책이 있어 이를 즐길 줄 안다면, 신선의 세계에서 사는 것과 다를 바가 없다. 비록 속세에 살지언정 근심과 괴로움이 없기 때문이다.

130

빈 붕 운 집 극 음 림 리 락 의
賓朋이 雲集하여 劇飮淋漓樂矣라
아 이 누 진 촉 잔 향 소 명 랭
가 俄而漏盡燭殘하고 香銷茗冷하
불 각 반 성 구 열 영 인 삭 연
면 不覺反成嘔咽하며 令人索然
무 미 천 하 사 솔 유 차 인 내
無味라. 天下事率類此어늘 人奈
하 부 조 회 두 야
何不早回頭也오.

【訓音】

淋 물흐를 림　　滴 물스밀 리　　俄 갑자기 아
嘔 토할 구　　咽 목멜 열

【語句】

- 임리(淋漓) : 술을 많이 마시고 노는 모양.
- 누진(漏盡) : 시간이 다 됨.
- 구열(嘔咽) : 흐느낌.
- 삭연(索然) : 흥이 깨져서 쓸쓸한 모양.

【對譯】

손님과 벗들이 구름처럼 모여들어 실컷 마시고 놀다가 이윽고 시간이 다하여 촛불도 가물거리며 향내음 사라지고, 차도 식어 버리면, 모르는 사이에 도리어 흐느낌으로 변하여 사람을 쓸쓸하고 무미하게 만든다. 천하의 일이 다 이와 같은데 어찌 빨리 고개를 돌리지 않는가?

【大意】

정상에 서고 나면 내리막길이 기다리고 있다는 사실을 알아야 한다. 친구들과 어울려서 놀다가 헤어진 후의 적막감은 이루 헤아릴 수 없는 고적함과 흐느낌마저 던져 준다. 무슨 일이든 극단까지 가지 말고 적당하게 해야 한다.

131

會得個中趣면 五湖之煙月이 盡入寸裡하고 破得眼前機면 千古之英雄이 盡歸掌握이라.

(회득개중취 오호지연월 진입촌리 파득안전기 천고지영웅 진귀장악)

【訓音】

裡 속 리　　雄 수컷 웅　　掌 손바닥 장
握 쥘 악

【語句】

• 오호(五湖) : 중국에 있는 다섯 호수.
• 회득(會得) : 깨달음.
• 연월(煙月) : 경치
• 촌리(寸裡) : 마음속

【對譯】

사물 속에 깃들인 참맛을 깨달으면 오호(五湖)의 풍경이 다 마음속에 들어오며, 눈앞의 기미를 깨달으면 천고의 영웅이 다 손아귀에 들어온다.

【大意】

사물 속에 깃들여 있는 정취를 체득하면 오호(五湖)의 아름다운 풍경도 마음속에 들어올 것이다. 구태여 직접 가서 구경해야 할 까닭이 없다. 눈앞에 나타나는 모든 사물의 현상은 그 속에 흥망성쇠와 이합소장(離合消長)의 이치가 있다. 그 이치를 간파한다면 천고의 영웅도 손아귀에 넣을 수가 있다.

132

山河大地도 已屬微塵이어늘 而況塵中之塵이리요? 血肉身軀도 且歸泡影이어늘 而況影外之影이리요? 非上上智면 無了了心이라.

【訓音】

塵 먼지 진　　沉 하물며 황　　泡 거품 포
了 깨달을 료

【語句】

- 포영(泡影) : 물거품과 그림자.
- 상상지(上上智) : 최상의 지혜.
- 요료심(了了心) : 확연히 깨닫는 밝은 마음.

【對譯】

산하와 대지도 이미 작은 티끌에 속하거늘, 하물며 티끌 속의 티끌이겠는가? 피와 살이 있는 몸뚱이도 물거품과 그림자에 지나지 않거늘, 하물며 그림자 밖의 그림자이겠는가? 최상의 지혜가 아니면 마음으로 밝게 깨닫지 못한다.

【大意】

우리가 살고 있는 땅덩어리도 대우주에 비하면 티끌과 같은 존재이다. 그러니 그 속에 사는 사람이야 티끌 속의 티끌이 아니겠는가. 이 몸뚱이도 또한 물거품과 그림자로 돌아간다. 그러니 명예나 이익과 권세 따위야 그림자 밖의 그림자가 아니겠는가. 이런 이치를 꿰뚫어 보는 지혜가 아니면 도리를 깨닫는 경지에 이르지 못할 것이다.

133

石火光中에 爭長競短하니 幾何光陰이며 蝸牛角上에 較雌論雄하니 許大世界리요?

【訓音】

競 다툴 경　蝸 달팽이 와　較 견줄 교

【語句】

• 석화(石火) : 인간의 짧은 생애.
• 광음(光陰) : 세월
• 와우각상(蝸牛角上) : 사람 사는 세상이 좁은 것을

비유함.

【對譯】
부싯돌의 불빛 속에서 길고 짧음을 다툰들 그 세월이 얼마나 길며, 달팽이 뿔 위에서 자웅을 겨뤄 본들 그 세계가 얼마나 크랴?

【大意】
세상 사람들의 명리(名利) 싸움이 마치 달팽이 뿔 위에서의 싸움과 같으니, 이겨 본들 얼마나 되는 세계이겠는가. 아웅다웅 다투는 세상 사람들의 욕심이 가소로운 것이다.

134

한 등 무 염 폐 구 무 온 총 시
寒燈無焰하고 敝裘無溫은 總是
파 롱 광 경 신 여 고 목 심 사
播弄光景이요 身如槁木하고 心似
사 회 불 면 타 재 완 공
死灰는 不免墮在頑空이라.

【訓音】

焰 불꽃 염　　裘 갖옷 구　　播 뿌릴 파
弄 희롱할 롱　　槁 마를 고　　頑 완고할 완

【語句】
• 폐구(敝裘) : 해진 가죽옷.
• 파롱(播弄) : 조롱함.
• 고목(槁木) : 마른 나무.
• 완공(頑空) : 사람의 몸과 마음은 모두 공적(空寂).

【對譯】
가물거리는 등잔의 불꽃은 빛을 내지 못하고, 떨어진 외투는 따뜻하지 않으니, 모두가 쓸쓸한 정경이다. 마찬가지로 자신의 육체를 너무 학대하여 고목처럼 만들고, 마음에 정열이 없어 식은 재처럼 싸늘한 사람은 공허한 가운데 빠지는 것을 면하기 어렵다.

【大意】
인간은 욕심 없는 것이 좋다 하더라도, 몸이 고목처럼 마르고 마음이 식어 싸늘한 재와 같으면 비록 도를 깨쳤다 하더라도 이는 결국 완공에 떨어진 것이지 참다운 깨달음이 아니다. 불교에서 공적(空寂)으로 돌아가라고 하는 것은 탐욕과 집착에서의 해탈을 말한 것이지 마른 나무나 싸늘한 재처럼 되라는 뜻은 아니다.

135

人肯當下休면 便當下了나 若要尋個歇處면 則婚嫁雖完이라도 事亦不少하니 僧道雖好나 心亦不了라. 前人이 云하되 如今休去면 便休去하라 若覓了時면 無了時라 하니 見之卓矣로다.

(인긍당하휴 변당하료 약요 심개헐처 즉혼가수완 사 역불소 승도수호 심역불 료 전인 운 여금휴거 변휴거 약멱료시 무료시 견지탁의)

【訓音】

嫁 시집갈 가　歇 쉴 헐　覓 구할 멱
卓 높을 탁

【對譯】

사람이 쉬어야 할 경우를 당하여 당장 쉬면 그 자리에서 바로 깨달을 수 있으나, 만일 쉴 곳을 찾는다면 아들을 장가들이고 딸을 시집보내는 일이 끝났다 하더라도 일은 항상 많은 법이다. 스님과 도사가 비록 좋기는 하나 속세의 마음이 그치지 않으리라. 옛사람이 이르기를, "지금 당장 쉬려면 곧 쉴 수 있으나 만일 끝날 때를 찾는다면 끝날 때가 없으리라." 하였

거니와 참으로 탁견(卓見)이다.

【大意】

번뇌를 벗어나기 위해 승려나 도사가 되는 것도 좋겠지만 그러한 희미한 생각으로는 영원히 깨칠 수 없을 것이다. 지금 곧 쉬면 쉴 수 있지만 쉴 때를 기다리면 영원히 쉴 수 없으리라는 말은 참으로 옳은 말이다.

136

從冷視熱然後에 知熱處之奔走無益하고 從冗入閑然後에 覺閑中之滋味最長이라.

(종랭시열연후 지열처지분주 무익 종용입한연후 각한 중지자미최장)

【訓音】

冷 차가울 랭　奔 달릴 분　滋 더욱 자

【語句】

- 종랭시열(從冷視熱) : 냉정한 마음으로 열광했을 때를 바라봄.
- 종용입한(從冗入閑) : 바쁘고 번잡하다가 한가하게

됨.

【對譯】

냉정한 눈으로 열광했을 때를 돌아보고, 그런 연후에야 열광했을 때의 분주함이 무익함을 알고, 번잡함에서 한가함으로 들어간 후에야 한가한 재미가 제일 좋은 것임을 느끼게 된다.

【大意】

정열에 끌리어 분주하게 날뛰었던 일이 얼마나 무익한 일인가를 알 것이요, 시끄러운 곳에 있다가 한가로운 곳에 와 보면 비로소 한가로운 곳의 취미가 얼마나 여유 있는가를 알 수 있을 것이다.

137

유 부 운 부 귀 지 풍　　이 불 필 암
有浮雲富貴之風이라도 而不必巖
서 혈 처　　무 고 황 천 석 지 벽
棲穴處하고 無膏肓泉石之癖이라도
이 자 상 취 주 료 시
而自常醉酒聊詩니라.

【訓音】

棲 쉴 서　　膏 기름 고　　肓 명치 황

癖 버릇 벽　　　聊 즐길 료

【語句】

- 부운부귀(浮雲富貴) : 부귀영화를 뜬구름처럼 여김.
- 암서혈처(巖棲穴處) : 속세를 떠나 깊은 산속에서 생활함.
- 고황천석(膏肓泉石) : 자연을 사랑하는 고질병.

【對譯】

부귀영화를 뜬구름처럼 여기는 기풍(氣風)이 있더라도 반드시 암혈에 살아야 하는 것은 아니고, 자연을 좋아하는 취미가 없더라도 늘 스스로 술에 취하고 시를 즐기는 풍류를 알면 된다.

【大意】

부귀를 뜬구름처럼 여기더라도 세상을 버리고 심산유곡에 숨을 필요는 없으며, 산수의 아름다운 경치를 병들 만큼 좋아하지 않는다 하더라도 스스로 술에 취하고 시를 즐길 줄 알아야 유유자적(悠悠自適)할 수 있다.

138

경축 청인이불혐진취
競逐은 聽人而不嫌盡醉하고
염담 적기이불과독성 차
恬淡은 適己而不誇獨醒이라. 此
석씨소위불위법전 불위공
釋氏所謂不爲法纏하고 不爲空
전 신심 양자재자
纏하여 身心이 兩自在者니라.

【訓音】

恬 조용할 염 淡 담백할 담 醒 깨달을 성
纏 얽힐 전

【語句】

• 경축(競逐) : 서로 다툼.
• 염담(恬淡) : 고요하고 담박함.
• 독성(獨醒) : 혼자 깨어 있음.
• 법전(法纏) : 법에 얽매임.

【對譯】

명예와 이익을 다투는 것은 남들에게 맡겨서 모두가 취하더라도 미워하지 말고, 고요하고 담박함은 나에게 알맞게 하되 홀로 깨어 있는 것을 자랑하지 마라. 이것은 불교에서 말하는 '법에도 얽매이지 않고 공

(空)에도 얽매이지 않는 것'으로 몸과 마음이 모두 자유롭게 될 것이다.

【大意】

명리에 모든 사람이 다 취한다 해도 미워하지 않으며, 마음을 고요히 하고 담박하게 함을 나의 뜻에 적합하게 할 뿐, 나 혼자 깨어 있음을 자랑하지 않는다. 이것이 불가에서 말하는 세간의 사물에 얽매이지도 않고 공적(空寂)에 사로잡히지도 않는다는 말이다. 결국 어느 사물에도 구속되지 않음으로써 몸과 마음이 함께 편안함을 얻을 수 있는 것이다.

139

연촉 유어일념 관착 계
延促은 由於一念하고 寬窄은 係
지촌심 고 기한자 일일
之寸心이라. 故로 機閑者는 一日도
요어천고 의광자 두실
遙於千古하고, 意廣者는 斗室도
관약양간
寬若兩間이라.

【訓音】

延 뻗을 연　　促 짧을 촉　　寬 넓을 관

窄 좁을 착　　　遙 멀 요

【語句】

• 연촉(延促) : 길고 짧음.
• 관착(寬窄) : 넓고 좁음.
• 기한(機閑) : 마음이 한가함.
• 두실(斗室) : 좁은 방.

【對譯】

길고 짧음은 생각에서 온 것이며, 넓고 좁음은 한 치 마음에 달려 있다. 그러므로 마음이 한가한 자는 하루가 천 년보다 아득하고, 뜻이 넓은 자는 좁은 방도 하늘과 땅 사이처럼 넓다.

【大意】

세월이 길다 짧다 하는 생각과 세상이 좁다 넓다 하는 생각은 마음먹기에 달려 있는 것이다. 때문에 마음이 한가로운 자는 하루도 천 년같이 느껴지고, 마음가짐이 넓은 사람은 말〔斗〕과 같이 좁은 방에 있어도 하늘과 땅 사이의 넓이만큼이나 넓게 생각되는 것이다.

140

損之又損하며 栽花種竹하니 儘交還烏有先生이요 忘無可忘하며 焚香煮茗하니 總不問白衣童子라

【訓音】

栽 심을 재　　儘 다할 진　　焚 불사를 분
煮 끓일 자

【語句】

• 손지우손(損之又損) : 욕심을 줄이고 또 줄임.
• 망무가망(忘無可忘) : 더 이상 잊어버릴 것이 없을 때까지 잊음.
• 오유 선생(烏有先生) : 아무것도 소유함이 없는 욕심 없는 사람(가상적 인물).

【對譯】

욕심을 줄이고 또 줄이며 꽃을 가꾸고 대나무를 심으면 오유 선생(烏有先生)이 되고, 세상사를 잊고 또 잊으며 향 피우고 차 끓이면 백의동자(白衣童子)는 물어서 무엇하랴.

【大意】
물욕이 완전히 없어진 연후에라야 완전한 무(無)의 세계에 도달한다는 것이다. 세상일을 잊고 마음을 텅 비운 채 조용하고 깨끗한 방 안에서 향불을 피워놓고 사색에 잠기면 그것이 바로 신선의 세계인 것이다.

141

無風月花柳면 不成造化하고 無情欲嗜好면 不成心體라. 只以我轉物하고 不以物役我면 則嗜慾도 莫非天機요 塵情도 則是理境矣라.

【訓音】
嗜 즐길 기　　塵 티끌 진　　莫 말 막
境 경계 경

【語句】
• 조화(造化) : 조물주의 기교.

• 진정(塵情) : 세속적인 마음.
• 이경(理境) : 진리의 경지.

【對譯】
바람과 달, 꽃과 버들이 없으면 천지의 조화도 이루어지지 못하고, 정욕과 기호가 없으면 마음의 본체가 이루어진다고 할 수 없다. 다만 내 의지로 사물을 움직이고 사물에 얽매여 내가 부림을 당하지 않는다면 기호와 정욕도 천지의 작용 아닌 것이 없고, 세속적인 마음도 곧 진리의 경지가 되는 것이다.

【大意】
천지간에 풍월과 화류가 없다면 계절이 바뀌는 조화를 어떻게 알 것이며, 인간에게 욕망과 즐김이 없다면 목석이나 다를 바 없어, 인간으로서의 성장이 없을 것이다. 다만 사람이 풍월화류나 욕망에 사로잡히지 않고, 자아가 주체가 되어 사물을 제어할 수만 있다면 정욕이나 즐김도 천기(天機)요, 욕정(欲情)도 이상의 묘경이 될 수 있다.

142

就一身하여 了一身者는 方能以萬物로 付萬物하고 還天下於天下者는 方能出世間於世間이라.

【訓音】

就 나아갈 취　　了 깨달을 료　　還 돌릴 환
方 모 방　　世 세대 세

【語句】

• 이만물부만물(以萬物付萬物) : 만물에 만물 자체의 천성을 부여하여 각기 맡은 바를 담당하게 함.
• 환천하어천하(還天下於天下) : 천하의 모든 사물을 천하의 되어가는 바에다 돌려 주어 상관하지 않음.
• 출세간어세간(出世間於世間) : 세속에 있으면서 세속을 초월함.

【對譯】

자기 한 몸으로 나아가 자기 한 몸에 대해 깨달은 사람은 능히 만물로써 만물에게 부여할 수 있고, 천하를 천하에 돌리는 자는 바야흐로 세속 안에서 세속을 초월한다.

【大意】

천하는 천하의 것이지 한 사람의 천하가 아니다. 그러므로 천하를 다스리더라도 자기 개인의 욕망이나 이익이 아닌 천하의 공익과 만민의 뜻에 따라 다스려야 할 것이다. 그래야만 세간에 살면서 세간을 벗어나 살 수 있을 것이다.

143

인생 태한 즉별념 절생
人生이 太閒하면 則別念이 竊生하고
태망 즉진성 불현 고
太忙하면 則眞性이 不現이라. 故로
사군자 불가불포신심지우
士君子는 不可不抱身心之憂하고
역불가불탐풍월지취
亦不可不耽風月之趣라.

【訓音】

竊 몰래 절, 훔칠 절　耽 즐길 탐　抱 안을 포
趣 취할 취

【語句】

- 절생(竊生) : 모르는 사이에 생겨남.
- 진성(眞性) : 본성

【對譯】
인생이 너무 한가하면 딴 생각이 슬그머니 생겨나고, 너무 바쁘면 본성이 나타나지 않는다. 그러므로 군자는 신심의 근심을 지니지 않아도 안 되며, 또한 풍월을 즐기는 흥취를 누리지 않아도 안 된다.

【大意】
사람은 너무 한가하면 망령된 생각이 고개를 쳐들고 일어나, 자칫하면 나쁜 행동을 꾀하거나 저지를 수 있다. 풍월의 취미를 즐길 수 있는 마음의 여유를 가져야 한다. 풍월을 즐기는 여유 있는 마음은 능히 바쁜 가운데도 여유를 주기 때문이다.

144

人心은 多從動處失眞이라 若一念不生하여 澄然靜坐하면 雲興而悠然共逝하고 雨滴而冷然俱淸하며 鳥啼而欣然有會하고 花落而瀟然自得하니 何地非眞境이며 何物非眞機리요?

【訓音】

逝 갈 서 滴 떨어질 적 俱 함께 구
啼 울 제

【語句】

• 유연(悠然) : 한가한 모양.
• 우적(雨滴) : 빗방울이 떨어짐.
• 소연(瀟然) : 깨끗한 모양.
• 진기(眞機) : 천지의 참다운 활동.

【對譯】

사람의 마음은 흔히 동요되는 데서 진심을 잃는다.

만일 한 가지 생각도 하지 않고 고요히 앉아, 구름이 일어나면 한가로이 함께 가고, 빗방울이 떨어지면 서늘하게 같이 맑아지며, 새가 울면 흐뭇하게 느끼고, 꽃이 지면 산뜻하게 저절로 감동을 얻으니, 어느 곳인들 참경지가 아니며, 어느 것인들 참된 작용이 아니리요. 기운이 아니겠는가?

【大意】
사람의 마음은 흔들림으로 말미암아 그 진실을 잃게 된다. 아무 생각도 하지 않고 고요히 앉아 있으면 마음의 참다운 본체가 나타난다. 이처럼 흔들리지 않는 본성이라야 천진(天眞)을 알 것이니, 어느 곳인들 진경(眞境)이 아니며 어느 물건인들 참기틀이 아니겠는가. 마음이 흔들리면 부질없이 바쁘기만 할 뿐 진경에 접근할 수조차 없는 것이다.

145

자 생 이 모 위　　강 적 이 도 규
子生而母危하고 鏹積而盜窺하니
하 희 비 우 야　　빈 가 이 절 용
何喜非憂也리요? 貧可以節用하고
병 가 이 보 신　　하 우 비 희 야
病可以保身하니 何憂非喜也리요?
고　달 인　당 순 역 일 시　　이
故로 達人은 當順逆一視하여 而
흔 척 양 망
欣戚兩忘이라.

【訓音】

鏹 돈꾸러미 강　　窺 엿볼 규　　戚 근심할 척
忘 잊을 망

【語句】

• 순역(順逆) : 순경과 역경.
• 흔척(欣戚) : 기쁨과 슬픔.

【對譯】

자식이 태어날 때는 어머니가 위험하고, 돈꾸러미가 쌓이면 도둑이 엿보게 되니 어떤 기쁨이라도 근심이 아니겠는가. 가난은 씀씀이를 절약할 수 있게 해 주고, 병은 몸을 보호할 수 있게 해 주니 어느 근심인들 기쁨이 아니겠는가? 그러므로, 통달한 사람은 순경과 역경을 동일시하고, 기쁨과 근심을 둘 다 잊어 버린다.

【大意】
기쁜 일 뒤에 언짢은 일이 따르고, 언짢은 일 뒤에 기쁜 일이 따르기도 한다. 가난은 분명 쓰라린 것이다. 직접 겪어 보지 못한 사람은 그 아픔을 모른다. 그러나 근검절약하면 의식은 근근히 유지할 수 있고, 병은 양생으로 보전할 수도 있으니, 괴로움 가운데 기쁨을 맛볼 수 있다. 그러므로 세상 이치에 통달한 사람은 좋은 일과 나쁜 일을 같은 것으로 보고, 기쁨과 슬픔은 다 잊는 법이다.

146

이근 사표곡투향 과이불
耳根은 似飇谷投響하여 過而不
류 즉시비구사 심경 여
留하면 則是非俱謝하고 心境은 如
월지침색 공이불착 즉물
月池浸色하여 空而不著하면 則物
아양망
我兩忘이라.

【訓音】
似 같을 사　　飇 광풍 표　　浸 빠질 침

【語句】

• 표곡(飇谷) : 광풍이 부는 골짜기.
• 투향(投響) : 메아리침.
• 구사(俱謝) : 함께 사라짐.

【對譯】

귀는 마치 거센 바람이 골짜기에 메아리치듯 지나간 후처럼 머물러 두지 않으면 시비가 모두 사라지고, 마음은 마치 달빛이 연못에 잠기듯 텅 비게 하여 집착하지 않으면 사물과 나를 둘 다 잃게 된다.

【大意】

바람이 지나가고 나면 골짜기가 고요하듯, 사람의 귀도 들끓는 시비를 들었다 하더라도 이내 한쪽 귀로 흘려 버리면, 시비가 함께 물러가 버린다. 달빛이 물에 비쳐도 아무런 자취도 남김이 없는 것처럼, 마음이 텅 비어 사물에 집착함이 없으면 외물(外物)도 잊고 자아(自我)도 잊는 묘경(妙境)에 도달하게 된다.

147

世人은 爲榮利纏縛하여 動曰 塵世苦海라 하며 不知雲白山青하고 川行石立하며 花迎鳥笑하고 谷答樵謳하니 世亦不塵이요 海亦不苦언마는 彼自塵苦其心爾라.

(세인 위영리전박 동왈 진세고해 부지운백산청 천행석립 화영조소 곡답초구 세역부진 해역불고 피자진고기심이)

【訓音】

纏 매일 전　　謳 노래할 구　　答 대답할 답
彼 저 피　　亦 또 역

【語句】

• 전박(纏縛) : 구속당함.
• 고해(苦海) : 고통이 많은 세상.
• 초구(樵謳) : 나무꾼의 노래.

【對譯】

세상 사람들은 영화와 명리에 매어서 걸핏하면 '진세'니 '고해'니 말하면서, 흰 구름, 푸른 산, 흐르는 시내, 서 있는 바위, 반기는 꽃, 우는 새, 나무꾼이 노래하면 골짜기가 응답하는 정경을 모른다. 티끌 세상도 아니요, 괴로운 바다도 아니건만, 저들은 스스로 그 마음을 티끌로 하고 괴로움을 만들 뿐이다.

【大意】

이욕에 얽매여 이 세상을 진세(塵世)니 고해(苦海)니 하며 탄식하지만 이것은 제 스스로의 욕심에 사로잡혀 괴로운 세상으로 느껴지기 때문이다. 한번 자연으로 눈을 돌려 보라. 자연을 본받아 진세고해(塵世苦海)에서 벗어나자.

148

화간반개 주음미훈 차중
花看半開하고 酒飯微醺하면 此中
대유가취 약지란만모도
에 大有佳趣라. 若至爛漫酕醄면
변성악경 이영만자 의사
便成惡境하니 履盈滿者는 宜思
지
之라.

【訓音】

醺 훈훈히 취할 훈　酕 아주 취할 모　醄 취할 도
履 밟을 리　盈 찰 영

【語句】

• 미훈(微醺) : 조금 취함.
• 난만(爛漫) : 꽃이 활짝 핀 모습.
• 모도(酕醄) : 흠뻑 술에 취함.

【對譯】

꽃은 반쯤 피었을 때 보고, 술은 조금 취할 정도로 마시면 이러한 가운데 아름다운 멋이 있다. 만약 꽃이 활짝 피고 술이 흠뻑 취하는 데 이르면 재앙의 경지를 이루게 되니, 절정의 위치에 처한 사람은 마땅히 이를 생각해야 할 것이다.

【大意】

꽃은 활짝 핀 것보다 반쯤 핀 꽃이 좋고, 술은 만취한 것보다 조금 취한 것이 좋다. 꽃이 활짝 피면 떨어질 걱정을 해야 되고, 술이 만취가 되면 몸에도 해롭고, 술주정을 해서 망신을 당할 수가 있다. 벼슬도 재물도 절정에 오르면 내리막길이 있다는 것을 알아야 한다.

149

山肴는 不受世間灌漑하고 野禽은 不受世間豢養이라. 其味皆香而且冽하니, 吾人도 能不爲世法所點染하면 其臭味不逈然別乎아?

【訓音】

肴 안주 효　灌 물댈 관　漑 물댈 개
逈 빛날 형　豢 기를 환

【語句】

• 산효(山肴) : 산채 안주.
• 관개(灌漑) : 물을 대줌.
• 환양(豢養) : 먹어서 기름.
• 점염(點染) : 물들음.
• 취미(臭味) : 냄새와 맛. 품위와 인격을 뜻함.

【對譯】

산나물은 세간에서 가꾸어지지 않고, 들새는 세간의 먹이를 먹으며 길러지지 않아서 그 맛이 모두 향기롭고 또한 뛰어나다. 우리도 세상의 법도에 물들지 않을 수 있다면 그 품위가 월등히 높고 각별하지 않겠는가?

【大意】
산채, 들새는 사람 손으로 가꾸거나 기르지 않아도 그 맛이 향기롭고 신선하다. 사람도 세속의 명리에 구애받지 않고 자연의 법칙에 따른다면 얼마나 각별한 향기가 나겠는가.

150

栽花種竹(재화종죽)하고 玩鶴觀魚(완학관어)하되 又要(우요)有段自得處(유단자득처)니 若徒留連光景(약도류련광경)하여 玩弄物華(완롱물화)하면 亦吾儒之口耳(역오유지구이)요 釋氏之頑空而已(석씨지완공이이)니 有何佳趣(유하가취)리요?

【訓音】

玩 희롱할 완　連 이을 련　弄 희롱할 롱
佳 아름다울 가　趣 향할 취

【語句】
• 유련(留連) : 산수 놀이에 반하여 돌아올 줄 모름.
• 완롱(玩弄) : 감상하고 즐김.
• 물화(物華) : 겉모습의 아름다움.
• 구이(口耳) : 입과 귀로만 익히고 실천에 옮기지 않은 학문(口耳之學)의 준말.
• 완공(頑空) : 완고하게 공(空)이라는 관념에 사로잡힘.

【對譯】
꽃을 가꾸고 대나무를 심으며, 학을 감상하고 물고기를 바라볼지라도 또한 그 가운데 스스로 깨닫는 바가 있어야 한다. 만약 헛되이 경치에만 끌려 겉모습의 화려함만을 감상하고 즐긴다면, 이는 우리 유가에서 말하는 '입과 귀로 하는 학문'이요, 불가에서 말하는 '완공(頑空)'일 뿐이니 무슨 아름다운 맛이 있으리요?

【大意】
꽃을 가꾸고, 대나무를 심고, 학을 기르고, 고기와 노는 것은 운치 있는 일로 보이지만, 참다운 맛을 알려면 한 단 깊은 진실의 체득이 있어야 한다. 만약 외부에 나타난 광경만을 완상한다면, 이는 유교에서 말하는 구이(口耳)의 학, 불교에서 말하는 완공(頑空)일 뿐이다. 무슨 참맛을 알 수 있으리요.

著者 李相麒(이상기)

- 本　籍 : 慶北 尙州
- 1934年 慶北 醴泉書堂에서 漢文修學
- 1956年 慶南 海印寺에서 耘虛 스님과 佛經飜譯
- 1961年 慶北 金龍寺에서 漢學講義
- 1962年 大統領賞「면려포장증」表彰狀 受賞
- 1981年 教育部 高等教育課程 審議委員會 審議委員
- 1982年 CBS 放送教育 諮問委員
- 1986年 日本 朝日新聞 寄稿文 入選
  「日本의 朝鮮植民地政策實相」
- 經濟企劃院 漢文·日語 講師
- 韓國輸出公團本部 日語 飜譯要員
- 景城高等學校 漢文·日語 教師
- 新亭女子商業高等學校 漢文·日語 教師
- 大成學院 漢文·日語 講師
- 서울 通譯觀光學院 漢文·日語 講師
- 明知大學校 漢文·日語 講師
- 韓國商業銀行 硏修教育 漢文·日語 講師
- 三星物産 三友設計 漢文·日語 講師
- 韓國電力 社員 硏修教育 漢文·日語 講師
- 三養社 社員 硏修教育 漢文·日語 講師
- 서울 市立 江西圖書館 主婦文化教室 講師
- 大韓天理教 文化센터 漢文·日語 講師
- 鍾路區 世宗路 主婦文化教室 講師
- 新世界 文化센터 教養講座 漢文·日語 講師
- 九老綜合社會福祉館 主婦趣味教室 講師
- 江南 書藝學院 書藝 講師
- 서울 市立 勤勞福祉館 漢文 專任講師
- 「독학 상용한자」(전원문화사) 펴냄
- 「독학 명심보감」(전원문화사) 펴냄
- 「붓글씨 첫걸음(千字文 楷書)」(전원문화사) 펴냄

채근담

2024년 2월 20일 중판 발행

역해자 * 이상기

펴낸이 * 남병덕

펴낸곳 * 전원문화사

07689 서울시 강서구 화곡로 43가길 30. 2층

T.02)6735-2100. F.6735-2103

E-mail * jwonbook@naver.com

등록 * 1999년 11월 16일 제 1999-053호